trio 1

Hessen Integrierte Gesamtschule

Gesellschaftslehre

Schulbuchtexte in einfacher Sprache
für eine Differenzierung
im inklusiven Unterricht

Autorin:
Melanie Willmann

Texte in einfacher Sprache zum Schülerband
trio 1, Hessen, Gesamtschule
ISBN 978-3-507-**36185**-0

Druck A[1] / Jahr 2014

Verlagslektorat: Matthias Meinel
Satzdienstleistung: Melanie Willmann, Lektoratsbüro Eck, Berlin
Druck und Bindung: westermann druck GmbH, Braunschweig

ISBN 978-3-507-**36200**-0

Inhalt

1 Zusammenleben in der Schule

Gesellschaftslehre – mein neues Lieblingsfach?

Schülerbuch Seite 8

Markus ist mit der Grundschule fertig.
Nun freut er sich auf die Ferien.
Er will Zeit mit seiner älteren Cousine Steffi verbringen.
Sie hat einen Plan: „Ich möchte zur Saalburg!
Wir haben im Unterricht über sie gesprochen und nun will ich sie auch in echt sehen."
Markus ist verwundert: „Wie meinst du das? In welchem Fach habt ihr darüber gesprochen?"
Steffi lacht. „In **GL**, also **Gesellschaftslehre**, natürlich.
Das ist mein Lieblingsfach.
Du lernst etwas über drei Fachgebiete: **Geschichte**, **Erdkunde** sowie **Politik und Wirtschaft**."

In **Geschichte** geht es um die **Vergangenheit** (die Zeit, die vorbei ist).
Es geht auch darum, was die Vergangenheit mit uns heute zu tun hat.
Du lernst: **Wie haben die Menschen früher gelebt**?
Was haben sie **gemacht**?
Was haben sie **gedacht**?
Für uns ist es immer noch wichtig, was früher passiert ist.
In deinem Atlas kannst du dir Karten zur Geschichte ansehen.
Spuren der Geschichte kannst du **in Gebäuden, Gegenständen, Bildern** und **Erzählungen** finden.
Auch Besuche in Museen oder Besichtigungen vor Ort gehören dazu.

Schülerbuch Seite 9

In **Erdkunde** geht es um die Erde: wie sie aufgebaut ist, wie sie sich entwickelt. Du lernst die Kontinente kennen, die Umwelt und über unterschiedliche Lebensbedingungen in den jeweiligen Gebieten. Dabei lernst du, **wo und warum** Menschen dort **wohnen** und wie sie **leben**. Warum haben die Römer die Saalburg genau hier errichtet? Du erfährst auch: Warum gibt es Naturkatastrophen? Aus den Erfahrungen der Menschen können wir lernen. All das erfährst du aus **Texten** und aus dem **Atlas**, aus **Diagrammen** und **Statistiken**.

In **Politik und Wirtschaft** geht es um unser **Zusammenleben**. Es geht zum Beispiel um Wahlen oder Steuern. Wichtig ist auch, dass du lernst, deine Meinung zu sagen. Damit Menschen friedlich zusammenleben können, gibt es in einer **Gemeinschaft** Regeln. Du lernst: Warum gibt es **Regeln**? Wie kannst du deine **Meinung** sagen? Welche **Rechte** hast du?

Es gibt zu allen Themen verschiedene Meinungen. So können neue Probleme entstehen: in einer Stadt, einem Land oder zwischen Ländern. Die Politik versucht, **Lösungen für Probleme** zu finden. So haben schon die Römer darum gestritten: Wie führt man das Reich? Wie kann es allen Bürgern noch besser gehen? Die Menschen hatten dazu früher gute Ideen. Diese **Ideen und Erfahrungen** nutzen wir heute. Das fängt schon in der Schule an.

Meine neue Klasse

Schülerbuch Seite 12

Markus geht nach den Ferien auf die Gesamtschule.
Dort lernt er seine neue Klasse kennen.
Er freut sich darauf, aber er ist auch ein wenig aufgeregt.
Er fragt sich:

- **Wie viele Kinder** werde ich **schon** aus der Grundschule **kennen**?
- Werde ich mich mit den neuen Kindern und den neuen Lehrerinnen und Lehrern **gut verstehen**?
- Wo fährt **mein Schulbus** ab?

Methode: Wir lernen uns kennen – das Ballonspiel

Zum Kennenlernen schlägt der Klassenlehrer ein Spiel vor.
Jeder in der Klasse erhält einen **aufgeblasenen Ballon**.
Da steht **der eigene Name** drauf.
Der Lehrer schaltet die **Musik** an.
Alle Kinder **bewegen** sich **durch den Raum**.
Dann stoppt der Lehrer die Musik.
Genau da wirft jeder seinen Ballon in die Menge und **versucht, einen neuen Ballon zu fangen**.
Hat das jeder geschafft, dann muss man sich **zu der Person durchfragen**, die zum Ballon gehört.
Schon beim Durchfragen **stellt sich jeder mit seinem Namen vor**.
Die befragte Person nennt ebenfalls ihren Namen.
Am Schluss hat jeder wieder seinen Ballon gefunden.
Dann stellt die Lehrerin/der Lehrer **verschiedene Aufgaben**, zum Beispiel: „Findet drei gemeinsame **Hobbys**." oder „Macht gemeinsam fünf **Kniebeugen**."

Alle setzen sich wieder auf ihren Platz.
Jetzt gibt es noch ein Quiz:
Jeder hat einen Sitzplan.
Mit dem **Sitzplan** versucht jeder, **die Mitschüler mit Namen zu benennen**.
Wer die meisten Namen richtig kennt, gewinnt.

Schülerbuch Seite 13

Der neue Klassenraum – das erste gemeinsame Projekt

Mit Markus besuchen auch Sina, Anne und Michi die neue Klasse.
Auch sie kennen die meisten Mitschüler noch nicht.
Sina schlägt vor, im Raum **selbstgestaltete Plakate** aufzuhängen.
Zum Kennenlernen kann sich darauf jeder selbst beschreiben.
Anne wünscht sich **Pflanzen** im Klassenzimmer.
Michi hätte am liebsten ein **Terrarium mit einer Maus** nur für die Klasse.

Methode: Informationsnetz (einfache Mindmap)

Eine **Mindmap** ist eine Art Karte zu einem bestimmten Thema oder Begriff.
Sie hilft dir, deine **Gedanken** zu **ordnen**.
Sie zeigt, was alles zum Thema gehört und wie es zusammenhängt.
Schreibe zunächst den **Begriff** in die Mitte eines Blattes.
Dazu kommen dann **Unterpunkte**.
Verbinde dann die dazugehörigen Begriffe wie in einem Spinnennetz **mit Linien**.

Wir lernen unsere neue Schule kennen

Schülerbuch Seite 14

Markus ist begeistert.
Der neue Klassenraum sieht nun sehr schön aus.
Es fehlen noch eine Packung Kreide und ein neuer Schwamm.
Markus soll zusammen mit Carina alles in der Pause beim **Hausmeister** und im **Schulsekretariat** besorgen.
Doch sie wissen nicht, **wo sie genau hin müssen**.
Der Klassenlehrer hilft: „Heute erkunden wir die Schule."

Schülerbuch Seite 14

Schulerkundung 1: das klassische Suchspiel

Bei einer Erkundung könnt ihr eure Schule **mit gezielten Fragen** kennen lernen.
Bildet zunächst kleine Gruppen.
Diese Gruppen überlegen sich **Fragen rund um die Schule**.
Schreibt die Fragen auf einen **Zettel**.
Mischt dann alle Zettel und verteilt sie neu.
Nun versucht jede Gruppe, alle Fragen so schnell wie möglich zu **beantworten**.
Besprecht am Ende alle Antworten **gemeinsam**.
Die schnellste Gruppe bekommt einen Preis.

Der Grundriss

Ein Grundriss ist die **Zeichnung** eines Raumes oder Gebäudes.
Der Raum ist so dargestellt, als würdest du **von oben drauf schauen**.
Eine Grundrissskizze eurer Schule ist also eine Zeichnung von eurer Schule.
Sie zeigt Gebäude und Schulhöfe, auf die man von oben blickt.
So lassen sich Längen und Abständen leichter erkennen.
Der Grundriss ist **beschriftet**: So kann man **sich orientieren**.

M3 Was ist eine Grundrissskizze?

Schülerbuch Seite 15

Schulerkundung 2: das Fotosuchspiel

Bei dieser Erkundung **fotografiert** ihr wichtige **Stellen auf dem Schulgelände**.
Sucht euch nur kleine **Ausschnitte** heraus.
So wird nicht zu viel verraten.
Überlegt dann zu den Fotos **Fragen**, z. B.:
Welche wichtigen Räume befinden sich hinter diesem Schild?
Wer hat hier sein Büro?
Erstellt so **eigene Fotosuchspiele** und tauscht diese untereinander aus.
Macht es wie bei der Schulerkundung 1:
Tauscht die Fragen und Bilder aus und sucht die Antworten.

Schülerbuch Seite 15

Björn kommt später an die neue Schule.
Er ist der **neue Schüler** in der Klasse von Markus.
Der Klassenlehrer schlägt eine **Expertenbefragung** vor.
Dabei soll Björn **seine Schule kennenlernen**.
Die ganze Klasse hilft bei der Befragung.

Methode: Ein Interview oder eine Befragung durchführen (einfache Expertenbefragung)

Oft wollt ihr euch **zu einem Thema** genauer **informieren**. Dazu könnt ihr **Personen befragen**, die sich bei diesem Thema **gut auskennen**. Das können Lehrerinnen und Lehrer oder Schulsekretärinnen sein, wenn es um die Schule geht.

Geht bei der Befragung wie folgt vor:

1. Überlegt euch zuerst, **was** ihr wissen möchtet.
2. Schreibt dazu **passende Fragen** auf. Lasst auf dem Fragenblatt genug Platz für die Antworten.
3. Überlegt euch, **wer** der Gesprächspartner sein kann.
4. Vereinbart einen **Termin**.
5. Bleibt während des Gesprächs immer **höflich**. Stellt eure Fragen **der Reihe nach** und **schreibt** die **Antworten auf**.
6. **Bedankt** euch zum Schluss für das Gespräch.

Mögliche Fragen zum Thema „Meine Schule“:

- Hat die Schule einen **Namensgeber**? Wer war diese Person? Warum hat man sie als Namensgeber ausgewählt?
- An wen wende ich mich, **wenn** ich mich **verletzt** habe? Wen frage ich, **wenn** ich meine Klasse oder einen Raum **nicht finde**?
- **Wo** befindet sich das Sekretariat, wo die Cafeteria, wo die Schulbibliothek?

Tipp: Hier kann die **Internetseite** der Schule hilfreich sein.

Regeln für ein gemeinsames Zusammenleben

Schülerbuch Seite 16

Die ersten Schultage sind vergangen.
Markus kennt viele nette Mitschüler in der neuen Klasse.
Doch manchmal beobachtet er **Situationen, die ihm nicht gefallen**:
Erik **schreit** herum, Selin **macht sich** über andere **lustig**.
Der **Klassenlehrer bespricht** mit allen **die Situation**.
Markus erinnert sich an das Gespräch mit seiner Cousine.
Markus schlägt vor: „Wir stellen gemeinsam eine **Klassenordnung** mit **Klassenregeln** auf!"

Schülerbuch Seite 17

Die Schülerinnen und Schüler haben die **Klassendienste** festgelegt.
Aber was passiert, **wenn** jemand **gegen die Regeln verstößt**?
Gemeinsam besprechen sie die **Maßnahmen**.
Sie entscheiden zum Beispiel: Wer gegen eine Klassenregel verstößt, muss einen Kuchen backen (M4).
Sie unterschreiben einen Klassenvertrag.
Doch **wie** können die Schüler **überprüfen**, ob sich alle daran halten?
Der Klassenlehrer sagt: „Nach einiger Zeit erhaltet ihr alle **einen Bogen zur Selbstkontrolle**.
Dort kreuzt ihr an, wie gut ihr euch an die Regeln haltet."
So findet die Klasse heraus, ob es klappt.

Schülerbuch Seite 18

Wer wird die Klasse vertreten? Wahl des Klassensprechers

In der Pause wollte Regine mit dem Handy ihre Mutter anrufen: Diese sollte sie nach der 5. Stunde abholen. Aber der Schulleiter sah Regine und nahm ihr das Handy ab. Der Grund war das **Handyverbot an der Schule**. Auch Arne hatte Ärger mit einer Lehrerin: Er war am Mittwoch **krank** und konnte **keine Hausaufgaben machen**. Alle Schülerinnen und Schüler finden: **Wir brauchen** jemanden, der sich für uns einsetzt, **einen Klassensprecher**. Es stellen sich drei Schüler vor, sie sind die Kandidaten. Ein Kandidat ist ein Bewerber.

Kandidat 1:

Der freche **Jonathan** ist **aufgeweckt** und **hilfsbereit**. Er kann **aufbrausend** sein, ist Lehrern gegenüber aber **locker**. Er liebt die Frankfurter Eintracht und hat daher viele Jungen auf seiner Seite. Er verspricht: „Ich werde dafür sorgen, dass es **weniger Hausaufgaben** gibt und dass wir alle **viel Spaß** haben werden. Ich werde **bei allen Problemen vermitteln**."

Kandidat 2:

Der sportliche **Rico** ist bei Jungs und Mädchen **beliebt**. Er ist **freundlich**, **hilfsbereit** und immer gut vorbereitet. Er schreibt **gute Noten**, ist zu den Lehrern **höflich** und **widerspricht selten**. Sein Motto ist: „Wenn **alle anpacken und hart arbeiten**, dann werden wir eine tolle Klasse sein."

Kandidatin 3:

Die freundliche **Daniela** ist Klassenbeste und bei den Jungen **beliebt**. Die Mädchen mögen sie auch, weil sie **sich gerne** für sie **einsetzt**. Daniela tritt **bestimmend** auf und kann auch böse werden. Sie **war schon** in der Grundschule **Klassensprecherin**. Sie verspricht, **„etwas gegen die Störenfriede** in der Klasse zu **unternehmen**."

Schülerbuch Seite 19

Jeder erwartet etwas anderes von einem **Klassensprecher**. Die Schüler sprechen über ihre **Vorstellungen und Wünsche**. Sie sagen auch, **warum** sie sich etwas wünschen. Alle stimmen ab, was **die wichtigsten Eigenschaften** eines Klassensprechers sind. Die Kandidaten müssen dann **Gründe nennen**, warum sie diese Eigenschaften haben.

Checkliste: Wahl zum Klassensprecher

- Zuerst bestimmt die Klasse zwei Schülerinnen und Schüler. Sie passen auf, dass die Wahl richtig abläuft.
- Jeder aus der Klasse darf **Kandidaten vorschlagen**. Diese müssen einverstanden sein mit der Wahl.
- Alle bekommen **Stimmzettel**. Darauf schreibt jeder genau **einen Namen von der Kandidatenliste**.
- Die **Zettel** werden **in einen Behälter** gesteckt.
- Die Schüler, die auf den Wahlvorgang aufpassen, **öffnen die Zettel** und **lesen laut den Namen vor**. Sie schreiben auf, wer wie viele Stimmen bekommt.
- **Gewonnen** hat die Person, die **mehr als die Hälfte der Stimmen** erhalten hat.
- Dann gibt es noch eine Wahl für die Stellvertreterin oder den Stellvertreter wiederholt.

M3 Wahl des Klassensprechers

Schülerbuch Seite 20

Mitbestimmung in der Schule: Rechte und Pflichten

Daniela hat die Wahl mit den meisten Stimmen gewonnen. Nun ist sie **Klassensprecherin** und **vertritt ihre Klasse in wichtigen Angelegenheiten**. Einige Schülerinnen und Schüler stehen in der Pause um Daniela: Sie haben **mehrere Bitten**. Regine sagt. „Daniela, bitte sprich das mit dem **Handy** an." Gemeinsam gehen sie zum Klassenlehrer. Er sagt nur: „Das steht so in der **Schulordnung**."

Schülerbuch Seite 21

Daniela und Regine sind entsetzt.
„Wer hat das entschieden? Warum wurden wir nicht gefragt?"
Daniela fragt den Klassenlehrer: „Kann man **mitreden, wenn** das nächste Mal **Regeln gemacht werden**?"
Der Klassenlehrer klärt sie auf: „Schüler haben **Mitspracherecht an der Schule**.
Dafür ist die **Schülervertretung**, die **SV**, da.
Dort könnt ihr eure **Interessen einbringen** und besprechen."

Mitbestimmen in der Schule: Wir diskutieren einen Streitfall

Schülerbuch Seite 22

Zusammen mit der SV **sammeln** die Schüler **Begründungen**.
Diese wollen sie **den Lehrern** und **der Schulleitung vorstellen**.
Der Klassenlehrer sagt: „**Sammelt Informationen** und **Gründe**, und ordnet sie.
Bereitet euch gut auf die Diskussion vor.
Eine Diskussion ist ein Streitgespräch.
Daniela ist neugierig.
„**Können** Schülerinnen und Schüler überhaupt **die Schulordnung ändern**?
Können wir **das Handyverbot ablehnen**?"
Der Klassenlehrer sagt: „Nein, das **erlaubt das Hessische Schulgesetz nicht**."
Daniela ist verärgert.
„Man muss darüber reden. Es gibt gute **Gründe, das Handy zu erlauben**!"

Schülerbuch Seite 22

Methode: Diskutieren/den eigenen Standpunkt vertreten
Zu einem Thema kann es **unterschiedliche Meinungen** geben.
Ihr müsst **Gründe für eure Meinung** haben.
So könnt ihr die anderen **überzeugen**.
Ihr hört auch den anderen zu und sucht gemeinsam nach Lösungen.

Vorbereitung

1. Klärt, um **welches Thema** oder Problem es geht.
2. **Sammelt** zu dem Thema **Gründe**. Nutzt dabei z. B. Zeitungsartikel oder das Internet.
3. **Ordnet** die **Gründe**: Welche sprechen dafür, welche dagegen? Welche Begründungen ähneln sich?
4. Überlegt euch: **Welche Begründungen überzeugen** am meisten? Und warum?
5. Findet gemeinsam Zeit und Ort für die Diskussion.

Durchführung
Sprecht nur **kurze Zeit**, sprecht ruhig und **deutlich**.
Lasst **eure Gesprächspartner ausreden**.
Außerdem solltet ihr **fremde Meinungen achten** und auf sie eingehen.
Ihr versucht, die anderen **mit euren Gründen** zu überzeugen.
Eigene Ansichten sollten begründet werden.
Wenn ihr etwas nicht gut findet, sollte ihr immer **dazusagen, warum nicht**.

Schule früher und heute

Schülerbuch Seite 24

Noch immer ist die Klasse sauer über das Handyverbot.
Der Klassenlehrer versucht sie aufzumuntern.
„**Alle Vertreter der Schule** haben **das Thema besprochen** und sich **dann entschieden**.
Zum Schluss haben die **Gründe** dafür **überwogen**.
Gut ist, dass **ihr bei der Diskussion mitmachen** konntet.
Früher durften Schüler so etwas nicht."

Schülerbuch Seite 24

Schulpflicht und Schule

Eine **einheitliche Schulpflicht** für ganz Deutschland gibt es erst **seit 1919**.

Vorher besuchten meist nur die Kinder reicher Leute eine Schule.

Alle Kinder sollten **lesen und schreiben lernen**.

Sie sollten die **Chance** haben, später **einen guten Beruf** zu ergreifen.

Manche Kinder gingen **nur im Winter** zur Schule.

Einige Kinder gar nicht.

Viele Kinder mussten im Sommer auf dem Feld und bei der Ernte helfen.

Außerdem mussten die Eltern **Schulgeld** bezahlen.

Auch die **Schulbücher** mussten sie **selbst kaufen**, was sich viele Familien nicht leisten konnten.

Oft durften die Kindern **nur in die Volksschule** gehen.

Die Eltern dachten: Sie sollen schnell einen Beruf lernen und Geld verdienen

Kinder mussten oft **viele Kilometer zu Fuß zur Schule laufen**.

Oft waren **60 Schüler** in einer Klasse.

Die Räume hatten **Holzbänke** und es gab nur einen **Ofen**.

Viele Jahrgänge wurden gemeinsam unterrichtet.

Man schrieb mit Kreide auf **Schiefertafeln**.

Schülerbuch Seite 25

Als **Schulfächer** gab es **Lesen** und **Schreiben** sowie **Rechnen** und **Religion**.

Die wichtigsten Dinge waren: **Fleiß** und **Gehorsam, Ordnung** und **Sauberkeit**.

Alles musste leise und von allen gleich erledigt werden.

Es gab **strenge Regeln**, wie man sich melden sollte.

Man musste dem Lehrer jederzeit **gehorchen**.

Die Schüler durften nur sprechen, wenn der Lehrer es erlaubte.

Dann musste man **aufstehen** und durfte sich erst nach Erlaubnis des Lehrers wieder setzen.

Bei Verstößen gab es **Schläge** mit schmalen Stöcken.

Orientierung zu Hause

Schülerbuch Seite 28

Aussichten wie ein Vogel

Stellt euch einmal vor, ihr **fliegt wie ein Vogel über** euren **Heimatort**.
Ihr fliegt über euer Haus, vorbei an der Schule, über den Bolzplatz und das Freibad und landet auf dem Rathausdach.
Während eures Fluges habt ihr Fotos gemacht.
In M1 seht ihr einen **Ausschnitt von Neu-Anspach**.
Alles ist **senkrecht von oben** zu sehen.
Ihr erkennt vor allem **Hausdächer** sowie **Straßen**.
Auch könnt ihr gut den Sportplatz sehen.
Auf **anderen Luftbildern** kann man die **Häuser schräg von oben** erkennen.
Es gibt einen **Vordergrund** und einen **Hintergrund**.
Die Häuser im Vordergrund sind größer, die im Hintergrund dagegen kleiner.
Man erkennt gut die Fenster.
Allerdings sieht man die Straßen nicht gut, da sie von den Gebäuden verdeckt werden.

Stadtpläne lesen

Schülerbuch Seite 29

Auf den Luftbildern fehlen alle Straßennamen und Gebäudenutzungen.
Auf einem Stadtplan sind alle **Straßennamen** und **Gebäude** eingezeichnet.
Er **hilft euch**, wenn ihr eine Straße oder einen Sportplatz sucht.
Auf einem Stadtplan seht ihr **alles direkt von oben** und könnt ebenfalls die **Umrisse der Häuser** erkennen.
Die **Legende** zeigt euch zum Beispiel, welche Gebäude eingezeichnet sind, z. B. Wohnhäuser, Krankenhäuser oder Hotels.

Welchen Schulweg und welches Verkehrsmittel?

Schülerbuch Seite 31

„Morgens um 7 Uhr gehe ich von Zuhause los und brauche fünf Minuten **zur Bushaltestelle**.
Ich muss pünktlich sein, denn sonst ist mein Bus weg.
Ich fahre ungefähr 20 Minuten **mit dem Bus** und steige vor der Schule aus.
Im Bus ist es **sehr voll**, das macht wirklich keinen Spaß!
Alle Schüler wollen gleichzeitig aus dem Bus und darum **drängeln** alle.
Mein **Rückweg nach Hause dauert** noch **länger**.
Denn ich fahre **mit Bahn und Bus** und muss **dann** noch **laufen**.

M4 Bennys Schulweg

Schülerbuch Seite 31

Zu Fuß gehen: „In die Schule gehe ich meistens zu Fuß.
Ich **treffe** auf dem Schulweg immer **meine Freundinnen.**
So können wir **unterwegs** über alles Mögliche **reden.**
Ich **beobachte** die Pferde auf der Pferdekoppel neben dem Fußweg."

Mit dem Zug: „Zug fahren **macht Spaß.**
Zur Schwimmhalle fahre ich immer mit dem Zug.
Ich brauche nur eine **Fahrkarte** und muss **pünktlich am Bahnsteig** sein.
Morgens ist der **Zug oft voll**, weil viele zur Arbeit oder in die Schule fahren.
In einen Zug passen **mehr Menschen** rein **als in mehrere Autos.**

Mit dem Bus: „Nach Schmitten fahre ich mit dem Bus.
Der Ort liegt fünf Kilometer westlich von Neu-Anspach.
Dorthin **fährt kein Zug.**
Busfahren ist **gemütlich.**
Außerdem können mit dem Bus auch **mehr Leute fahren.**"

Mit dem Auto: **„Mein Vater oder meine Mutter fahren mich** mit dem Auto in die Musikschule.
Das ist **angenehm**, besonders wenn es draußen regnet.
Dann werde ich nicht nass."

Mit dem Fahrrad: „Ich komme schnell mit dem Fahrrad zu meiner Freundin.
Meine Eltern passen auf, dass mein Rad **gute Bremsen** hat und das **Licht im Dunkeln** leuchtet.
Es gibt einen **Radweg**, auf dem ich sicher ankomme."

M5 Vor- und Nachteile von Verkehrsmitteln – Annes Meinung dazu

„Jede Menge Zoff" – was tun bei Gewalt und Mobbing?

Schülerbuch Seite 32

Methode: Standbilder bauen

Im Unterricht reden wir über bestimmte **Themen** und **Situationen**, über Erfahrungen und **Probleme**.
Dies kann man auch **ohne Worte** machen.
Man baut ein Standbild **mit** dem **Körper und** der **Körpersprache**.
Ein Standbild zeigt man in der Gruppe, um ein Problem oder ein Gefühl zum Ausdruck zu bringen.
Es ist **wie** ein **angehaltenes Fernsehbild**.

Und so geht es:

1. Ein „**Regisseur**" (die Person, die die Anweisungen gibt) formt **aus den Körpern von Mitschülern** ein Standbild.
   Damit zeigt er, **was er** über das Problem oder Thema **denkt**.
2. Die **Spieler**, die geformt werden, **nehmen die Haltungen ein**, die ihnen der Regisseur gibt.
3. Wenn das Standbild fertig ist, **sprechen alle Mitschüler darüber**. Was zeigt das Standbild?
4. Zum Schluss sollten die Spieler darüber sprechen, **wie sie sich in ihren Rollen gefühlt** haben.

Schülerbuch Seite 33

Fallgeschichte: Alex – unser neuer Mitschüler

Anne berichtet:
Die Lehrerin sagte: „Eure Klasse 5a bekommt einen neuen Mitschüler, er heißt Alex."
Alex war **größer als wir**, seine **Klamotten** waren **abgenutzt**, die **Haare wild** auf dem Kopf.
Er sagte: „Hallo, ich bin Alex, ich komme aus Thüringen.
Meine Eltern haben hier einen Pferdehof übernommen.
In meiner Freizeit reite ich am liebsten und putze Pferde."
Eine Mitschülerin meinte: „Er **lispelt** so, seine **Sprache klingt komisch**."
Halil, der Stärkste in der Klasse, packte ihn in der Pause:
„Du siehst aus wie ein Bauer!
Was willst du überhaupt in unserer Klasse?"
Er und seine Freunde **ärgerten**, **schubsten** und **hänselten** Alex.
Die anderen **lachten** über ihn.
Alex ging uns auf die Nerven: Im GL-Unterricht **wusste er alles und bekam gute Noten**.
Halil nannte ihn nun nur noch **„Pferdestinker**".

Am Wochenende unternahm meine Familie einen Ausflug.
Wir machten eine Pause am Pferdehof von Alex' Eltern.
Ich stand an der Koppel und Alex ritt genau auf mich zu.
„Na, **Pferdestinker**", **begrüßte ich ihn**.
Alex schaute mich **traurig** an: **„Hör doch endlich auf** damit!
Keiner von euch kann mich leiden.
Ich kenne den Unterrichtsstoff schon von meiner alten Schule.
Ich finde es **total ungerecht, wie ihr mich behandelt**."
„**Wieso** bist du **so komisch angezogen** in der Schule und wieso **sprichst du so merkwürdig**?"
„**Vor der Schule** gehe ich **in den Stall**, deshalb **riecht** der Pullover manchmal **nach Heu**, und **in Thüringen**, woher ich herstamme, **redet man** eben **so**."
Dann fing Alex an zu schniefen.
„Hast du schon mal Spundekäs' gegessen?", fragte ich ihn.
Er kostete und meinte:
„Sieht aus wie Käse, schmeckt aber viel besser."
„Wollen wir zum Fohlen gehen?", fragte er mich.

Schülerbuch Seite 34

Streit schlichten – und jeder gewinnt?

Oft reicht ein kleiner Anlass und eine Prügelei entsteht.
Oder Freundschaften zerbrechen.
Es muss jedoch bei einem Streit nicht unbedingt Verlierer und Gewinner geben.
Es gibt eine Möglichkeit, den Streit zu beenden: die **Streitschlichtung**.
Der Streit wird von einem **Streitschlichter** so gelöst, dass **die Beteiligten zufrieden** sind.
Sie gehen wieder **normal miteinander** um.

Streitlösungen im Alltag

Streitereien sind eine **gemeinsame Herausforderung**.
Für eine Lösung braucht man gegenseitige **Achtung und Rücksicht**.
Dabei hilft der „Streitlotse" den „Streitpartnern".

Tipps für eine Streitschlichtung

1. Streitschlichterin oder Streitschlichter aussuchen
Die streitenden Schülerinnen und Schüler suchen sich eine Streitschlichterin oder einen Streitschlichter aus.

2. Standpunkte vortragen
Jeder darf sagen, warum er sich streitet, was er fühlt und was er gemacht hat während des Streits.

3. Lösungen suchen
Die Streitenden machen Vorschläge, wie man den Streit lösen kann.
Dann einigen sie sich auf den besten Vorschlag.

4. Lösungsvorschlag umsetzen und einhalten
Die Streitenden müssen dann machen, was sie besprochen haben.

Diese Fragen kann man mit jedem Partner einzeln oder mit beiden gemeinsam besprechen.
Wichtig ist die Frage nach den **Wünschen oder Erwartungen**.

Schülerbuch Seite 35

Methode: Wir machen ein Rollenspiel

Bei einem Rollenspiel **spielt** man **das Verhalten eines anderen** nach.
Die Situation ist dabei vorgegeben.
Durch Rollenspiele kann man bestimmte **Verhaltensweisen und Meinungen zeigen**.
Man kann sie **beobachten und besprechen**.

Vorbereitung
Zunächst bespricht die Klasse den Fall.
Dabei **überlegt** ihr **gemeinsam, welche Ansichten und Wünsche zu den Rollen** gehören.
Dann verteilt ihr die Rollen: für jede Rolle eine Gruppe.
Jede Gruppe überlegt sich **für ihre Rolle Begründungen und Verhaltensweisen**.
Die Gruppe wählt dann jeweils **einen Spieler**.
Alle anderen Schülerinnen und Schüler **beobachten** das Rollenspiel.

Durchführung
Spielt die Szene möglichst **ohne Unterbrechung**.
Alle anderen **beobachten** das Spiel.
Sie **schreiben auf**, was ihnen auffällt.

Auswertung
Die **Spieler** sagen, **was** ihnen beim Spiel **aufgefallen ist**.
Dann sagen die **anderen Schüler**, was sie beobachtet haben.
Über diese Beobachtungen spricht dann **die ganze Klasse**.

Streiten will gelernt sein

Schülerbuch Seite 36

Auch in der besten Klassengemeinschaft kommt es zu **Streit**. Manchmal gibt es auch **Gewalt** oder **Mobbing**. **Streit** kann man oft gut **lösen**, wenn man sich **an einige Regeln hält**. Ziel ist es, **den anderen** zu **verstehen**.

Fünf Regeln für erfolgreiches Streiten

1. Sprich immer in der „Ich-Form"
Rede von deinen Gefühlen. Der andere lernt dich so besser kennen.

2. Unterbrich nicht
Lasse dein Gegenüber ausreden und höre ihm zu. Versuche dabei, dessen Bedürfnisse und Gefühle herauszuhören.

3. Sprich die betreffende Person an
Schaue die betreffende Person direkt an und sprich sie an.

4. Findet eine gemeinsame Sicht
Stellt gemeinsam fest, worum es bei dem Streit geht. Wo liegen die Ursachen?

5. Vermeide Beschuldigungen
Gegenseitige Vorwürfe helfen euch nicht weiter.

Mobbing – eine Form von Streiten?

Schülerbuch Seite 37

Nein! **Mobbing** bedeutet, dass jemand **beleidigt**, **ausgegrenzt**, **belästigt** und **gequält** wird. Das kommt auch in der Schule vor. Wenn jemand eine gemeine Handlung **häufig wiederholt** und es mehrere Wochen dauert, dann ist das Mobbing. Oft ist das **Mobbingopfer** völlig hilflos, es **leidet sehr**.

Mobbing ist eine Form der **seelischen Gewalt**. Die Opfer können sich nicht oder kaum wehren.

Schülerbuch Seite 38

Ursachen von Mobbing (Mobbing kann drastische Folgen haben)

Mobbing gab es immer schon.
Heute kommt es aber **häufiger** vor.
Dafür gibt es **verschiedene Ursachen**:
Vielleicht war der Unterricht **früher** genauer geplant und die Schüler hatten so **weniger Stress**.
Schüler müssen heute **mehr lernen** und haben **weniger Zeit**.
Manchmal **kümmern** sich die **Eltern zu wenig**.
So kann es zu Streit in der Schule kommen.

Schülerbuch Seite 39

Wenn ihr seht, dass jemand gemobbt wird:

- **Freunde holen**; sich in einer Gruppe zusammenschließen, die stärker ist als der Angreifer und sagen: Halt, hör auf!
- **Erwachsene informieren**, z. B. Eltern, Lehrer, Schulleiter. Bittet um Hilfe.

Wenn ihr selbst gemobbt werdet:

- **Tagebuch führen**: Schreibt genau auf, wer was wann wo gemacht hat und wer dabei zugesehen hat.
  Dann habt ihr Zeugen: Sie weisen nach, was passiert ist.
- Bittet eure **Freunde oder Geschwister um Hilfe.**
- **Erwachsene informieren**, z. B. Eltern, Lehrer, Schulleiter. Erzählt, was geschehen ist.
- Wenn ihr beklaut oder erpresst werdet: **Informiert eure Eltern**.
  Ihr könnt auch zur **Polizei** gehen.

Wenn ihr nicht mehr weiter wisst, dann ruft das Kinder- und Jugendtelefon an oder schreibt an die em@il-Beratung unter **www.nummergegenkummer.de**.

Viele Kulturen in einem Land

Schülerbuch Seite 40

In Deutschland gibt es **viele Familien**, wo Vater oder Mutter oder beide **aus einem anderen Land** kommen.
Sie sind nach Deutschland **eingewandert**.
Man sagt: Sie haben **Migrationshintergrund**.
Familien mit Migrationshintergrund leben sehr oft in größeren Orten oder Städten.

Einwanderer in Hessen
Rund **jeder vierte Hesse** hat **Migrationshintergrund**.
Die meisten von ihnen sind nach Deutschland eingewandert.
Einige sind **hier geboren**, haben aber **Eltern aus dem Ausland**.

Kinder
Fast die Hälfte aller Kinder bis fünf Jahren hat in Hessen einen Migrationshintergrund.

Regionale Unterschiede
In den Kitas von **Offenbach** haben sehr **viele Kinder einen Migrationshintergrund**.
In anderen Gebieten von Hessen sind es viel **weniger**, z. B. **im Werra-Meißner-Kreis**.

Herkunft
Wichtigste **Herkunftsländer** der Migranten in Hessen sind die Türkei, Polen und Russland.
Viele dieser Menschen kommen aus der Europäischen Union.
Manche kommen auch aus Asien, Afrika oder aus Amerika.

M2 Daten zu Migranten (Hessen)

Schülerbuch Seite 41

Herausforderung Schule?
Bestimmt leben auch in deiner Stadt **Menschen aus unterschiedlichen Kulturen**.
Kultur ist die gemeinsame **Lebensform** einer Gruppe.
Eine Kultur **erlernen wir** bereits **als Kind**.
Wir denken, handeln und fühlen so, wie wir es vor allem **in unserer Familie lernen**.
Unsere Familie nimmt die **Kultur unserer Gesellschaft** auf.
So essen wir anders als die Chinesen,
zeigen wir unsere Gefühle anders als die Franzosen,
feiern Feste, die es in Russland nicht gibt.
Wahrscheinlich hast du auch **Mitschüler, die in anderen Ländern geboren** wurden.

Umgang mit Minderheiten – Inklusion

Schülerbuch Seite 42

Unsere **Gesellschaft** besteht **aus vielen verschiedenen Menschen**.
Es gibt große und kleine Menschen, Mathegenies und Deutschprofis, Kinder und ältere Menschen, Menschen aus anderen Ländern, Menschen mit und ohne Behinderung.

Da wir alle anders sind und **unterschiedliche Fähigkeiten** haben, können wir **voneinander lernen**.
So **helfen** wir **uns gegenseitig**.
Zum Beispiel:

- **Ältere Menschen** haben in ihrem Leben schon viel erlebt. Das können sie **den Jüngeren beibringen**.
- **Junge Menschen** können den älteren Menschen im Alltag **helfen**. Sie können für sie da sein, wenn die Älteren sich nicht mehr gut bewegen können.
- Es gibt Situationen, in denen **Menschen mit Behinderungen Hilfe und Unterstützung brauchen**. Das sind z. B. Menschen, die blind sind.

Schülerbuch Seite 42

Bei der Inklusion geht es um Menschenrechte
An der Inklusion sollen so **viele Menschen** wie möglich **mitarbeiten**.
Es gibt eine Art Vertrag für die **Rechte von behinderten Menschen auf der ganzen Welt**: die UN-Behindertenrechtskonvention.
Auch **Deutschland** hat diesen Vertrag **unterschrieben**.
Das reicht aber noch nicht.
Jeder Einzelne muss wissen: **Inklusion ist wichtig für das Zusammenleben**.
Dann **ändert** sich **das Denken der Menschen**, und dann **auch das Handeln**.

Schülerbuch Seite 43

Impulse setzen – Gesetzgebung weiterentwickeln
In Deutschland gibt es **Gesetze**, die festlegen: **Menschen mit Behinderung sind gleichberechtigt**.
Im Grundgesetz steht: Es ist **verboten**, Menschen mit Behinderungen zu **vernachlässigen** und **auszuschließen**.
Sie haben das Recht, **in der Gemeinschaft mitzumachen**.
Das gilt auch in der Schule: Behinderte Kinder sollen mit Kindern ohne Behinderung gemeinsam Unterricht haben.

Integration: Einbezug, Eingliederung
Eine bestimmte **Gruppe von Menschen** ist **eingegliedert in** die **Mehrheit**.
Sie bleibt aber eine „fremde" oder eigenständige Gruppe.
Die **Mehrheit bestimmt über** das **Zusammenleben**.

Inklusion: Einschluss, Zugehörigkeit
Alle Menschen gehören **gleichberechtigt der Gemeinschaft** an.
Das ist selbstverständlich.
Unterschiede sind etwas **Normales**, das Zusammenleben ist vielfältiger.
Die Gesellschaft passt auf, dass alle nach ihren Bedürfnissen leben.

M3 Wie man zusammenleben kann

Recht auf Kommunikation – Reden und Lesen einmal anders

Schülerbuch Seite 44

Mit den Händen sprechen

In Deutschland leben viele **blinde, gehörlose** oder **körperbehinderte Menschen.**
Sie können nicht sprechen, oder sie verstehen nicht, wenn jemand spricht.
Darum **tauschen** sie **Informationen** anders aus.

Es gibt z. B. die **Gebärdensprache**: Sie ist sehr wichtig für die Menschen, die nicht hören können.
Mit dieser Sprache können sich die **Gehörlosen** unterhalten.
Man benutzt **Hände, Arme, Oberkörper** und das **Gesicht zum Sprechen**.
So entstand eine **eigenständige Sprache** mit festen Regeln.
Es gibt in einigen Ländern eigene Gebärdensprachen: auf Französisch, Englisch und Chinesisch zum Beispiel.

Schülerbuch Seite 45

Mit den Händen lesen

„Ich heiße Tabea, bin 13 Jahre alt und blind.
Ich komme aber gut im Leben klar.
Zu Hause und in der Schule **weiß ich** genau, **wo alles steht**.
Ich merke mir das.
Meine Freunde **erkenne** ich an ihren **Stimmen und Schritten**.
Obst oder anderes **Essen** muss ich **ertasten** oder **erriechen**.
So bekomme ich heraus, was es ist.
In der Schule **schreibe** ich **mit einer Schreibmaschine**.
Ich lese sehr gerne: Beim **Lesen** gleiten meine **Finger** über die **Blindenschriftzeichen**."

Moderne Technik für Sehbehinderte

Computer sind eine **große Hilfe**: Sie helfen Sehbehinderten, mit anderen gut zusammenzuleben.
Manche Computer können **Texte und Bilder ganz groß** auf dem Bildschirm zeigen.
Es gibt auch Computer, die **geschriebene Texte vorsprechen**.
So kann sich ein Blinder den Text anhören.

2 Orientierung in Nah und Fern

Den Weg mit Karten finden

Schülerbuch Seite 50

Aaron hat eine Zeichnung von seinem Schulweg gemalt.
Die Zeichnung ist wie eine **Karte**.
Die **Zeichnung** zeigt **Straßen** und **Häuser vereinfacht**.
Die Straßen sind schwarze Linien, der Wald ist mit kleinen Tannen gezeigt.
In anderen Karten sind Straßen Doppellinien, Bäche sind blaue Linien
In jeder Karte gibt es auch eine **Legende**.
Sie erklärt, was die Linien und Farben bedeuten.

In einer Karte sieht man auch Gebäude: wie z. B. Kirchen, Burgen, Schulen und Rathäuser.
Für sie gibt es besondere Zeichen.

Stimmt die Richtung?

Schülerbuch Seite 51

Wenn du dich z. B. in einer unbekannten Stadt orientieren willst, dann hilft dir ein **Stadtplan**.
Ein Stadtplan ist auch eine Art **Karte**.
Wie hält man eine Karte richtig?
Die **obere Kante** zeigt immer **nach Norden**.
Es gibt die **Himmelsrichtungen Norden**, **Osten**, **Süden** und **Westen**.
Die vier Himmelsrichtungen haben eine Reihenfolge.
Das kannst du dir so merken:
Lies im Uhrzeigersinn „**N**ie **o**hne **S**eife **w**aschen."

Wo liegen die Himmelsrichtungen?
Du kannst dir so merken.
Bei uns gilt: Im Osten geht die Sonne auf, im Süden steht sie zur Mittagszeit am höchsten und im Westen geht sie unter.
In einer **Windrose** sind die Himmelsrichtungen mit ihren Abkürzungen eingetragen.

Schülerbuch Seite 51

Methode: So arbeitest du mit dem Kompass

Ein **Kompass zeigt** dir die **Himmelsrichtungen**.
Der Kompass besteht aus einem Gehäuse, einer Windrose und einer Magnetnadel.
Die **Magnetnadel** zeigt, **wo Norden ist**.

So hältst du den Kompass:
Halte den Kompass flach auf deiner Hand.
Drehe die Scheibe mit der **Windrose** so, dass das **„N“ auf die markierte Spitze** zeigt.
Drehe den Kompass, bis die markierte **Spitze der Nadel** etwas **links vom „N“** der Windrose steht.
Das **„N“ zeigt** nun genau **nach Norden**.
Nun weißt du auch, wo die anderen Himmelsrichtungen liegen.

Methode: So nordest du eine Karte ein

Lege den **Kompass** mit seiner Seitenkante **an den Kartenrand**.
Drehe anschließend die **Karte** zusammen **mit dem Kompass**:
Die **Kompassnadel** muss mit der markierten Spitze **zum „N“ zeigen**.
Nun zeigt der **obere Kartenrand nach Norden**.

Zusatz: Weitere Möglichkeiten zur Bestimmung der Himmelsrichtung

Schülerbuch Seiten 52/53

Ein **Sternenkundler** erzählt:
Mit dem Sternenhimmel kannst du den Norden finden.
Suche das Sternbild „Großer Wagen“.
Verbinde in Gedanken die beiden hinteren Sterne des Sternbildes.
Verlängere diese Linie ungefähr viermal.
Dann stößt du auf einen besonders hellen Stern: den Polarstern.
Er weist Richtung Norden.

Ein **Elektriker** erzählt: Schaut euch Satellitenschüsseln an den Gebäuden an.
Die meisten von ihnen sind nach Süden ausgerichtet.

Ein **Förster** erzählt:
Bäume, die frei stehen, **biegen sich** durch die vielen Westwinde **in Richtung Osten**.
Die **Westseiten der Bäume** bekommen viel Regen ab.
Darum wächst dort **mehr Moos**.

Ein **Pfarrer** erzählt:
Die **aufgehende Sonne** ist in der Religion ein Zeichen: Sie steht für Jesus Christus, der nach seinem Tod wieder aufersteht.
Die Sonne geht im Osten auf.
Deshalb ist bei vielen Kirchen der **Altar im Osten** gebaut.
Der **Kirchturm** steht **im Westen**.

Schülerbuch Seite 54

Methode: Arbeiten mit dem Atlas – einem Buch mit vielen Karten
Aufbau eines Atlas

Im Atlas könnt ihr die ganze Welt entdecken.
Früher gab es solche Bücher noch nicht.
Es gibt nur **wenige wertvolle Karten**.
Sie waren von Hand gezeichnet.
Die **Menschen** kannten **nur** einige **Teile von der Erde**.
Nach und nach entdeckten sie die ganze Erde.
Heute zeigt ein Atlas die ganze Welt: **mit allen Kontinenten und Ozeanen**.
Der Atlas ist ein Buch mit vielen Karten.

Wie benutze ich einen Atlas?
Jeder Atlas hat einen bestimmten **Aufbau**.

- Das **Inhaltsverzeichnis**:
  Hier sind alle Karten nach Regionen geordnet.

- Die **Karten**:
  In jedem Atlas gibt es verschiedene Karten mit unterschiedlichen **Maßstäben**.
  Je nach Karteninhalt unterscheidet man zwischen **physischen** und **thematischen Karten**.

- Das **Register**:
  Das Register ist auf den letzten Seiten im Atlas.
  Orte, Städte, Flüsse, Berge, Länder und Regionen sind **nach dem Alphabet** aufgelistet.
  Die Zahl hinter einem Namen gibt die **Seitenzahl im Atlas** an.
  Es folgen ein Buchstabe und eine Zahl, die ein Planquadrat benennen.
  Dort befindet sich der gesuchte Ort, z. B.: Fritzlar 28 B2
  → Fritzlar liegt auf Seite 28, im Planquadrat B2.

Schülerbuch Seite 55

Verschiedene Kartentypen

Physische Karten zeigen besonders gut die Formen eines Gebietes.
Wie hoch die Landschaft liegt, zeigen **Farben** an.
Ein dunkles Grün heißt: Die Landschaft liegt tief.
Ein dunkles Braun heißt: Das Gelände liegt hoch.
Diese Karten zeigen die Lage von **Gebirgen** und Tälern.
Es sind auch **Städte**, **Seen** und **Flüsse** dargestellt.

Thematische Karten enthalten Informationen zu einem bestimmten **Thema**, z. B. zur Landwirtschaft.
Hier ist die Legende wichtig.
Sie zeigt, was Farben und Zeichen bedeuten.
So könnt ihr auf einer **politischen Weltkarte** z. B. erkennen: die Namen von Staaten, ihre Grenzen und die Namen von deren Hauptstädten.

Auf Karten ist die Erde kleiner

Schülerbuch Seite 56

Stell dir vor: Du fährst mit einem Heißluftballon.
Je höher man steigt, desto kleiner sehen die Menschen und die Häuser aus.
Aber in Wirklichkeit bleibt natürlich alles so groß, wie es ist.
Die Dinge sehen nur verkleinert aus.
So ist es auch **auf Karten**: Die **Wirklichkeit ist verkleinert**.
Wie stark die **Verkleinerung** ist, erfährst du durch den **Maßstab**.
Es gibt eine **Maßstabszahl** und eine **Maßstabsleiste**.

Wie kommt der Berg auf die Karte?

Schülerbuch Seite 58

Fotografiert man einen Berg von oben, kann man nicht erkennen, wie hoch er ist.
Wie erkennst du einen **Berg auf** der **Karte**?
Auf vielen Karten sind die verschiedenen Höhen in **Farbstufen** eingeteilt.
Tiefländer werden dabei mit **grünen**, mittlere Höhen mit gelblichen und **Gebirge** und Hochland mit **braunen** Farben dargestellt.

Dunkles Braun bedeutet: Die Landschaft liegt sehr hoch.
Dunkles Grün bedeutet: Die Landschaft liegt sehr tief.

Oft sind unterschiedliche Höhen auf Karten durch **Höhenlinien** gezeigt.
Mit den Höhenlinien liest du ab, **wie hoch das Gelände**, die Gebäude oder die Bäume **an dieser Stelle** liegen.

Schülerbuch Seite 59

Methode: Wir zeichnen ein Profil

Arbeitsschritt 1:
Zeichnet **eine Linie in eure Karte**.
Sie muss **waagerecht zum Kartenrand** sein.
Die Linie soll durch den höchsten Punkt des Kartenausschnitts gehen.
Den Beginn eures Profils nennt ihr A, den höchsten Punkt B, das Ende C.

Arbeitsschritt 2:
Zeichnet auf **Millimeterpapier** unter den Kartenausschnitt eine **Hochachse** mit Höhenangaben (z. B. 300, 320, 340, 360, 380, 400, 420 m).
Nach rechts zeichnet ihr eine **Querachse**, für die Entfernung in Kilometern.
Sie ist mindestens so lang wie der Abstand von A nach C.

Arbeitsschritt 3:
Übertragt die Stellen, wo sich die Linie A – B – C mit den Höhenlinien schneidet, **von der Karte** senkrecht nach unten **in das Profil** (gestrichelte Linien).
Die Schnittstellen markiert ihr alle mit „x".

Arbeitsschritt 4:
Verbindet zum Schluss **alle „x"**.

Arbeitsschritt 5:
Um die einzelnen Höhenschichten darzustellen (z. B. alle Schichten im Abstand von 20 m), **malt** ihr die **einzelnen Schichten mit unterschiedlichen Farben** an.
Legt eine **Legende** an.

Schülerbuch Seite 61

Methode: Die Lagebeschreibung – einfachste Form der Wegbeschreibung

Janina ist von Kassel nach Pfungstadt umgezogen.
Ihre Freundin Anne aus Kassel möchte wissen, wo sie jetzt genau wohnt.
Janina soll es ihr nun **erklären**.

Es gibt **zwei Möglichkeiten**, die **Lage** eines Ortes **oder** einen **Weg zu beschreiben**.
Man kann eine **Kartenskizze** zeichnen.
Eine **Lagebeschreibung** ist auch möglich.
Bei einer Lagebeschreibung erklärt man, wo der Ort liegt.
Man fängt mit einer **groben Beschreibung** an.
Dann beschreibt man die Lage **immer genauer**.
So kann sich der Zuhörer vorstellen, wo der Ort liegt.

Schülerbuch Seite 62/63

Methode: Wir erstellen eine Kartenskizze zu Hessen

Schritt 1:
Wählt eine Karte von Hessen aus.
Nehmt **Transparentpapier**.
Zeichnet darauf die **Landesgrenze** in grober Form mit einem roten Buntstift.
Zeichnet nun die **gleiche Skizze** auf ein **weißes Blatt** Papier.

Schritt 2:
Malt die **Gebirge** von Hessen mit einem **braunen** Stift ein.
Zeichnet mit einem **blauen** Buntstift große **Flüsse in eure Karte**.
Die Formen können grob sein.

Schritt 3:
Zeichnet **wichtige Städte** mit einem **roten** Punkt ein.

Schritt 4:
Beschriftet einige Gebirge, Flüsse und Städte.
Gebt eurer Kartenskizze einen Namen.

Seefahrer entdecken die Welt

Schülerbuch Seite 64

Früher dachten die Menschen: **Die Erde** ist eine **Scheibe.** **Seefahrer** entdeckten später, dass die Erde **eine Kugel** ist. Einer davon war **Christoph Kolumbus.** Er wollte **mit dem Schiff nach Asien** segeln. Er dachte: Wenn man nach Westen segelt, kommt man nach Asien. So kann man wichtige Handelswaren aus Asien schneller nach Europa bringen.

Nach einer langen, gefährlichen **Reise** kam Kolumbus an einer **Küste** an. Er dachte: Das muss Indien sein. Darum nannte er die Einwohner Indianer. Die **Wahrheit** war: Er **hatte einen unbekannten Erdteil entdeckt.** Der Erdteil heißt **Amerika.** Erst nach seinem Tod erkannte man den Irrtum.

Schülerbuch Seite 65

Magellan umrundet die Erde

Auch **andere Seefahrer entdeckten** wichtige **Seewege.** Berühmt waren Vasco da Gama und Ferdinand Magellan. Vasco da Gama fand den **Seeweg nach Indien**: von Portugal um Afrika herum nach Osten. Ferdinand Magellan reiste **um die ganze Erde.** Er reiste mit fünf Schiffen und vielen Seeleuten. Bei der Reise starben die meisten Seeleute an Krankheiten, Hunger oder Erschöpfung. Aber ein Schiff schaffte es: von Spanien um die Südspitze Amerikas herum bis nach Asien.

Die Erde – eine Kugel

Schülerbuch Seite 66

Astronauten können aus dem Weltall die ganze Erde sehen. Sie sehen, dass sie **eine Kugel** ist. Sie erkennen **Erdteile und Meere**. Die Erde ist ein **Planet**. Planeten sind Himmelskörper, die sich auf einer Umlaufbahn **um die Sonne bewegen**. Wenn du dir einen **Globus** anschaust, siehst du die **ganze Erde** – nur viel **kleiner**.

Auf dem Globus und auf Weltkarten ist der **Äquator** eingezeichnet. Er ist eine gedachte Linie. Der Äquator teilt die Erde in eine **nördliche** und **südliche Halbkugel**. Der nördlichste Punkt der Erde ist **ganz oben** der Nordpol, der südlichste Punkt **ganz unten** der **Südpol**. Die gedachte Linie zwischen diesen Punkten ist die **Erdachse**, um die sich die Erde dreht.

Die Entstehung von Tag und Nacht

Schülerbuch Seite 67

Die **Erde** dreht sich **um die Sonne**. Dabei dreht sie sich **auch um sich selbst**, also um die eigene Achse. Für **eine volle Drehung** braucht die Erde **24 Stunden**. Dabei strahlt die Sonne auf die Erde. Die **Sonnenstrahlen** erreichen nur **eine Hälfte der Erde**. Hier ist dann **Tag**. Die **andere Hälfte** ist dunkel. Hier ist dann **Nacht**. Bei einer Drehung ist es überall auf der Erde einmal Tag und einmal Nacht.

Schülerbuch Seite 67

Verschiedene Zeiten auf der Erde
Im Laufe einer Erddrehung wechseln sich Tag und Nacht ab. Darum haben die Menschen rund **um den Erdball unterschiedliche Tageszeiten**. Auf der Erde gibt es **Zeitzonen**, sie sind festgelegt. Die Zeitzonen verlaufen von Norden nach Süden. Alle **Orte in einer Zeitzone** haben die **gleiche Uhrzeit**.

In großen Ländern, wie zum Beispiel in Russland, gibt es mehrere Zeitzonen. In Mitteleuropa haben sich viele Staaten auf eine Zeit geeinigt. Von März bis Oktober wird in diesen Staaten die **Uhr um eine Stunde vorgestellt**: Das ist die **Sommerzeit**.

Verteilung von Land und Wasser

Schülerbuch Seite 68

Auf der Erde gibt es Landflächen und Wasserflächen. Die **Landflächen** gliedern sich in **sieben Kontinente**. Kontinente nennt man auch Erdteile. Die **Wasserfläche** gliedert sich in **Ozeane**. Es gibt auch **Rand- und Nebenmeere**, wie z. B. das Mittelmeer, die Nordsee oder die Ostsee. Die Kontinente **Europa und Asien** bilden **eine geschlossene Landfläche**. Die **Grenze** zwischen diesen beiden Kontinenten ist **das Uralgebirge**. Die **Antarktis** am Südpol ist ein Kontinent, der mit **Eis** bedeckt ist.

Schülerbuch Seite 69

Methode: Wir zeichnen ein Säulendiagramm

Die **Flächengröße** der Kontinente und Ozeane könnt ihr **in einem Säulendiagramm** zeigen.
Dann kann man die Flächengrößen besser vergleichen.
Ihr benötigt dazu:

- ein DIN-A4-Blatt (Millimeterpapier oder kariertes Papier)
- ein Lineal
- einen Bleistift
- Buntstifte

Durchführung

Schritt 1:
Zeichnet an der linken Seite des Blattes die **Hochachse**.
Unterteilt die Linie **in Abständen von 1 cm**.
Schreibt an das untere Ende die Zahl 0 und an die Striche die Zehnerzahlen von 10 bis 180.
Der erste Strich von unten entspricht 10 Mio. km^2 Fläche, der zweite 20 Mio. km^2 usw.

Schritt 2:
Zeichnet nun von der Zahl 0 aus die **zweite Achse nach rechts, die Querachse**.
Wie viele Säulen wollt ihr zeichnen?
Wie breit sollen die Säulen sein?
In unserem Beispiel braucht ihr für die Ozeane drei Säulen.
Jede Säule soll 1 cm breit sein.

Schritt 3:
Zeichnet die Säulen.
Schreibt in die Säulen oder unter die Säulen die **Namen** der Ozeane.
Malt die Säulen mit unterschiedlichen Farben **an**.

Das Gradnetz der Erde

Schülerbuch Seite 70

Es gibt **Breitengrade** und **Längengrade**. Das sind **gedachte Linien**, die die Erde zusammen wie ein Netz umspannen: das **Gradnetz**.

Unsere Erde ist ins Netz gegangen

Der längste Breitengrad ist der **Äquator**. Die **Breitengrade** liegen **parallel** zueinander. Nach Norden und Süden hin werden sie immer kürzer. Nordpol und Südpol sind nur als Punkte zu sehen. Auf **jeder** der beiden **Halbkugeln der Erde** gibt es **90 Breitengrade**. Die **Längengrade** sind **Halbkreise**. Sie verlaufen **zwischen Nordpol und Südpol**. Alle Längengrade sind gleich lang. Der Längengrad mit der Gradzahl 0 ist festgelegt: Er heißt **Nullmeridian**. Er verläuft durch den Ort Greenwich bei London. **Vom Nullmeridian aus** zählt man 180 **Längengrade nach Westen** und 180 **Längengrade nach Osten**.

Schülerbuch Seite 71

So wird's gemacht: Lagebestimmung im Gradnetz

- Alle Breitengrade auf der Nordhalbkugel heißen **nördliche Breite** (n. Br.).
  Breitengrade auf der Südhalbkugel heißen **südliche Breite** (s. Br.).
- Alle Längengrade westlich vom Nullmeridian heißen **westliche Länge** (w. L.).
  Alle Längengrade östlich vom Nullmeridian **östliche Länge** (ö. L.).

Man gibt an, an welcher Stelle sich ein Breitengrad und ein Längengrad schneiden. An diesem Schnittpunkt liegt der Ort. Beispiel: Die Gradnetzangaben für Cape Canaveral lauten: 28° n. Br./80° w. L. Das heißt: Der Ort liegt auf der Nordhalbkugel und westlich vom Nullmeridian.

Leben in der feucht-warmen Zone am Beispiel der Pygmäen

Schülerbuch Seite 72

Makubaisi ist ein Junge, der im **tropischen Regenwald** lebt. Er gehört zum **Volksstamm** der **Pygmäen**. Die Pygmäen leben im Kongobecken in **Zentralafrika**. Sie ziehen als **Nomaden** umher und suchen Nahrung. In kleinen Gruppen leben sie zusammen. Sie bauen sich Hütten aus Ästen und Blättern. Das geht schnell und überall. Sie essen **Pilze**, **Insektenlarven** und **Honig** und jagen die **Tiere** des Waldes. Makubaisi sucht heute nach einem bestimmten Baum. Aus der Rinde macht sein Vater einen neuen Lendenschurz für ihn. **Im Regenwald** stehen die Bäume **dicht nebeneinander**. Es gibt **sehr hohe Bäume** – bis 80 m hoch. So kommen Sonnenstrahlen und Regen nicht bis zum Waldboden. Fast **täglich** gibt es **starke Regenfälle**. Hier in der Zone des tropischen Regenwaldes gibt es **hohe Temperaturen** (25 bis 30 °C) und eine **hohe Luftfeuchtigkeit**.

Schülerbuch Seite 73

Zu Hause wird Makubaisi schon von seinem Vater erwartet. Er **bearbeitet mit** einem **Steinhammer** die Rinde: So entsteht daraus ein gleichmäßig dickes Tuch. Dieses Tuch trägt der Junge am Abend bei einem Fest. Auf dem **Fest** wollen die Pygmäen den **Waldgeist** um eine **erfolgreiche Jagd bitten**. Dort lernt Makubaisi alte **Bräuche seines Volkes** kennen. Die **Stammesältesten singen** Lieder für den Waldgeist. Die Pygmäen leben im Wald. Am **Rand des Waldes** leben **Ackerbauern**. Sie **brennen die Bäume ab**, weil sie Platz für ihre Felder brauchen. Auch das Holz der Bäume ist beliebt, **Bäume werden gefällt**. So wird der **Lebensraum** des Volksstammes immer **kleiner**.

Leben in der trocken-heißen Zone am Beispiel der Aborigines

Schülerbuch Seite 74

Mary Goolagong lebt mit ihrer Familie in **Australien**. Australien ist ein sehr **großes Land**. Von einem Ort zum anderen sind es oft mehrere Hundert Kilometer. Das **Klima** in diesem Gebiet ist **heiß und trocken**. Deshalb sind hier die **Savannen** verbreitet. Das Land ist **wüstenähnlich**, hier wachsen Dornbüsche. Australien liegt auf der **Südhalbkugel**. Hier ist **Winter von Juni bis September**. Die Temperaturen liegen im Winter um 12 °C.

Mary gehört zu dem **Aborigines-Stamm** der **Arrernte**. Die Aborigines sind die **Ureinwohner** Australiens. Früher zogen sie in Gruppen von 20 bis 30 Mitgliedern als **Nomaden** von Ort zu Ort. Sie lebten in **einfachen Hütten aus Zweigen**. Später haben Engländer das Land erobert.

Schülerbuch Seite 75

Aborigines **glauben**: **Traumwesen** haben das Land mit Flüssen, Bergen und Tieren geschaffen. Es gibt **Orte**, die für sie **heilig** sind. Das ist z. B. der Berg Ayers Rock. Er ist auch eine Touristenattraktion. **Früher** lebten die Aborigines vom **Jagen und Sammeln**. **Heute arbeiten** Marys Eltern bei einem **Kulturzentrum**. Dort können Besucher erfahren, wie das Volk **traditionell** lebt. Mary wohnt hunderte Kilometer entfernt von der nächsten Stadt Alice Springs. Sie ist weit weg von einer normalen Schule, darum hat sie ganz **besonders Unterricht**. **Über Funk und Internet** vergeben die Lehrer Übungen und kontrollieren Hausaufgaben. Mary lernt auch die **Sprache und Kultur ihrer Vorfahren**.

Leben in der kalten Zone am Beispiel der Tschuktschen

Schülerbuch Seite 76

Alexeij gehört zu einem i**ndigenen Volk**, den **Tschuktschen**.
Die Tschuktschen leben in **Sibirien**.
Das ist eine Region im **Norden von Russland**.
Neun Monate im Jahr liegt das Land unter einer **Eisschicht**.
Es wehen Schneestürme übers Land.
Im Winter sinkt die Temperatur bis auf 45 Grad unter Null.
Der **Boden** ist das ganze Jahr über **tief gefroren**.
Nur die oberen Zentimeter tauen **im kurzen Sommer** auf.
Dann entsteht eine **Sumpflandschaft**.
In einem solchen Klima wächst nur wenig: **Gräser, Moose und Flechten**.
Alexeijs Mutter baut Kartoffeln an.

Wie viele andere lebt Alexeijs Familie von der **Rentierzucht**.
Als **Nomaden** ziehen sie mit ihrer Herde durchs Land, auf der Suche nach Gräsern für ihre Tiere.
Sogar bei großer Kälte leben sie i**n Zelten aus Rentierfellen**.
Nur für wenige Monate im Winter ziehen sie ins Dorf an der Küste.
Dort **verkaufen** sie das **Fleisch und** die **Felle** ihrer Tiere.

Schülerbuch Seite 76/77

Andere Tschuktschen leben **an der Küste**.
Sie leben von der **Jagd auf Wale, Robben und Walrosse**.
Die Waljagd ist sehr gefährlich, denn sie folgen den Tieren mit nur kleinen Booten.

In den letzten Jahren hat sich die **Situation der Menschen** verschlechtert.
Viele sind **arbeitslos**.
Die **Versorgung mit Nahrungsmitteln** wie Nudeln, Reis oder Obst ist **schlecht**.
Oft **fällt** der **Strom aus**.
Viele **Menschen ziehen** deshalb **weg**.
Einige Menschen aber erinnern sich an ihre traditionelle Lebensweise und **bleiben in ihrer Heimat**.

Unser Sonnensystem

Schülerbuch Seite 78

Es gibt **acht Planeten**, die sich auf einer Bahn **um die Sonne** bewegen.
Die Erde ist einer davon.
Die Planeten und die Sonne bilden ein **Sonnensystem**.
Als einziger Planet ist die **Erde** von einer **Lufthülle**, der Atmosphäre, umgeben.
Diese enthält Sauerstoff und Wasser.
Deshalb konnte sich auf der Erde **Leben entwickeln**.
Wie andere Planeten hat auch die Erde **einen Mond** als Begleiter.
Er besitzt keine Lufthülle.
Unsere **Sonne** ist **ein Stern**. Er **sendet Licht** aus.
Es gibt Milliarden Sterne.
Unsere Sonne **und** ihre acht Planeten sind eine **Galaxie**:
Sie heißt **Milchstraße**.
Die Entfernungen im Weltall sind für uns unvorstellbar.
Ein Flugzeug wäre erst nach 18 Jahren bei der Sonne.

Schülerbuch Seite 79

Methode: Wir besuchen eine Sternwarte

Wenn man sich über den Sternenhimmel und unser Sonnensystem informieren möchte, kann man eine **Sternwarte** oder ein **Planetarium** besuchen.
In einem Planetarium sieht man den **künstlichen Sternenhimmel** auf einer großen Kuppel.
In einer Sternwarte kann man mit einem **Teleskop** die Sterne am **Nachthimmel** beobachten.
Dieses Teleskop ist wie ein sehr großes Fernglas.
Man kann damit sehr weit ins Weltall sehen.

3 Zusammenleben in der Familie

Familie ist ...

Schülerbuch Seite 86

Früher wohnten oft Kinder, Eltern, Großeltern und andere Verwandte in einem Haus: das war eine **Großfamilie**.
Heute leben Eltern und Kinder meist in einer **Kleinfamilie**.
Oft lebt nur **Mutter oder Vater mit dem Kind** oder den Kindern zusammen.
Dafür gibt es verschiedene Gründe: z. B. haben sich die Eltern getrennt.

Manchmal kümmern sich Eltern nicht richtig um ihr Kind.
Dann nimmt eine **Pflegefamilie** für eine Zeit das Kind auf.

Wenn ein Kind keine Eltern mehr hat, dann kann eine neue Familie das Kind für immer aufnehmen.
Die Familie **adoptiert** das Kind.

Eine **Patchwork-Familie** ist eine neu zusammengesetzte Familie.
Zum Beispiel: Eine Mutter mit zwei Kindern heiratet einen Mann, der auch Kinder hat.
Alle zusammen sind eine neue Familie.

Manche Kinder haben zwei Mütter oder zwei Väter.
Die Erwachsenen leben in einer gleichgeschlechtlichen Beziehung.
Das nennt man **Regenbogenfamilie**.

M3 Familie

Schülerbuch Seite 86

Methode: Think – Pair – Share

Die drei Schritte der Methode bedeuten:
think = denken,
pair = mit einem Partner zusammenarbeiten,
share = in einer Gruppe teilen.

Ein Beispiel: Die Frage lautet „Was ist eine Familie?"

- **Schritt 1 – Think**:
  Denke über die Frage alleine nach und **schreibe** deine **Gedanken und Vorstellungen** auf.
- **Schritt 2 – Pair**:
  Tausche dich **mit deinem Lernpartner** über eure Vorstellungen von Familie aus.
  Was ist gleich? Was ist unterschiedlich?
- **Schritt 3 – Share**:
  Stellt dann eure **Ergebnisse einer** größeren **Gruppe** oder der Klasse **vor**.
  Findet eine gemeinsame Erklärung, was eine Familie ist.

Leben Luca und Eva in einer „normalen“ Familie?

Schülerbuch Seite 87

Luca ist 11 Jahre alt, er geht in die 5. Klasse.
Mit seiner 13-jährigen **Schwester Eva** und seiner **Mutter** Nicole wohnt er im Ort Wallau.
Die **Geschwister** haben **eigene Zimmer**, so streiten sie nicht mehr so viel.
Eva sagt: „Eigentlich mag ich meinen Bruder.
Manchmal redet er nur zu viel über Computerspiele.
Seit wir die gleiche Schule besuchen, können wir auch mal über Lehrer reden.“

Vater Thorsten ist meist **nur am Wochenende da**.
Er arbeitet bei einer Bank in Düsseldorf.
Die Stadt Düsseldorf ist weit entfernt von Wallau.
Darum **pendelt** er zwischen Wallau und Düsseldorf.
Der Vater sagt: „Luca, ich vermisse euch sehr, wenn ich nicht da bin.“

Oft **fragt sich** die Familie: Sollen wir **nach Düsseldorf ziehen**?
Doch **Mutter** Nicole möchte ihre halbtägige **Arbeitsstelle** bei einem Möbelhaus im Ort behalten.
Die Mutter sagt: „Im Nachbarort wohnt eine **Oma** von Luca und Eva.
Wenn ich arbeite, kann sie auf die Kinder **aufpassen**.“

Familie verändert sich

Schülerbuch Seite 88

Von der Groß- zur Kleinstfamilie

Bis in die **1960er-Jahre** war es meist so: Zwei junge Leute **heirateten** und bekamen **mehr als ein Kind**. Ehescheidungen waren selten. Es war normal, dass der **Vater arbeitete**. So hatte die Familie genug Geld. Die **Mutter** war **Hausfrau** und kümmerte sich um die Familie.

Von **1960 bis 1990** hatte sich viel in der **Gesellschaft** und in der Familie **verändert**. **Frauen** konnten **selbst entscheiden**, wann sie Kinder bekommen möchten. Die Frauen gingen **arbeiten** und waren **unabhängiger** von den Männern. Frauen gingen auch auf die **Universität**.

Frauen sind heute **älter** als früher, wenn sie ihr **erstes Kind** bekommen. 1970 hatten Frauen oft mit 24 Jahren das erste Kind. Um das Jahr 2000 bekamen sie das erste Kind mit 29 Jahren. Heute bekommen viele Frauen erst mit 35 Jahren Kinder.

Heute ist es auch einfacher, **sich scheiden** zu lassen. So gibt es immer mehr **alleinerziehende Mütter**, manchmal auch **Väter**. Meist **kümmert** sich die Mutter weiter **um die Kinder**, **und** sie geht **arbeiten**.

Schülerbuch Seite 89

Drei Frauen – drei Lebensformen

Heute hat Ilse Mayer vier Kinder und sechs Enkel. Wenn sie über heutige **Familien** nachdenkt, meint sie: „Das hat's **früher** nicht gegeben."

1950: Ilse Mayer – Hausfrau, Mutter von vier Kindern, geboren 1925 Als sie die Schule abschloss, war Krieg. Es war **keine** Zeit für eine **Berufsausbildung**. 1946 **heiratete** Ilse ihren Verlobten Otto. Otto war Maurer. Er meinte: „Ich bin der Herr im Haus und meine Frau braucht nicht zu arbeiten." So **kümmerte** sich Ilse um die **vier Kinder** und den **Haushalt**. Dafür bekam sie von ihrem Mann Haushaltsgeld. **Einmal im Jahr** fuhren sie in den **Urlaub**. „Natürlich hatten wir auch mal unsere Probleme", gibt Ilse Mayer zu, „aber ich hätte mich **nie von meinem Mann getrennt**. Das war damals **nicht üblich**."

1980: Margot Mayer – Frisörin, Mutter von zwei erwachsenen Kindern, in zweiter Ehe verheiratet, geboren 1954 Margot Mayer machte eine Berufsausbildung zur **Frisörin**. Dann **heiratete** sie und bekam mit 19 Jahren ihr erstes, mit 26 ihr zweites Kind. Sie erzählt heute: „Für mich war es klar, dass ich aufhöre zu arbeiten. Mit **Kindern und Haushalt** war genug zu tun." Als die Kinder größer waren, **arbeitete sie halbtags**. So konnte die Familie **Urlaub** in Italien oder Spanien machen. **Nach 20 Ehejahren** verstand sich das Paar nicht mehr gut. Sie **ließen sich scheiden**. Nun ist Margot zum zweiten Mal **verheiratet**.

Schülerbuch Seite 89 (Fortsetzung)

2014: Jennifer Mayer – Bürokauffrau, Mutter von einem Kind, verheiratet, geboren 1973
Nach der Schule machte Jennifer eine Ausbildung zur **Bürokauffrau**.
Danach war sie als **Kindermädchen in den USA**.
Mit ihrem Freund Timo **reiste** sie ein Jahr **um die Welt**.
Dann zogen sie zusammen.
Als Jennifer **mit 32** ihr **erstes Kind** bekam, **heiratete** das Paar.
Ein halbes Jahr nach der Geburt **arbeitete** sie wieder **ganztags**.
Timo unterstützte sie, arbeitete aber in seinem Beruf weiter.
Bis das Kind in den **Kindergarten** kam, blieb es bei einer **Tagesmutter**.
„Wenn wir abends heimkommen, freuen wir uns sehr auf unsere Tochter."

Warum ist Lenas Papa nicht da?

Schülerbuch Seite 90

Eva hat Besuch von ihrer Freundin Lena.

Eva: „Und deine Mutter ist nie da, wenn du aus der Schule kommst?"

Lena: „Nein, ich **mache** mir **mein Essen selbst warm**.
Seit ich drei Jahre alt bin, **arbeitet** meine **Mutter ganztags**."

Luca: „Das heißt, du kannst den ganzen Nachmittag machen, was du willst?
Zum Beispiel Fernsehen, Handy, Computerspiele?"

Lena: „Nein, das **heißt nicht, dass ich machen** kann, **was ich will**.
Ich esse zuerst, dann ruhe ich mich aus, dann beginne ich mit den Hausaufgaben.
Abends will meine Mutter sehen, was ich gearbeitet habe."

Luca: „Mein Vater übt am Wochenende immer Englischvokabeln mit mir.
Dann ist er zu Hause und hat Zeit."

Lena: „**Mein Papa wohnt** schon lange **nicht mehr bei uns**.
Zuerst haben meine Eltern viel gestritten.
Dabei habe ich mich oft sehr schrecklich gefühlt."

Luca: „Und haben sich deine Eltern wieder vertragen, so ähnlich wie bei meinen?
Die **streiten** ja auch manchmal!"

Lena: „Nein, sie haben sich getrennt.
Nach der **Scheidung** ist mein Vater nach München gezogen.
Ich sehe ihn leider nur in den Ferien.
Manchmal beschwert sich meine Mutter, sie sagt, dass es schwer ist, **alleinerziehend** zu sein."

Eva: „Aber deine **Mutter hat** doch **einen Freund**.
Hilft er dir in Englisch?"

Lena: „Manchmal. Wir sehen Eduardo und **seine zwei Söhne** nur am Wochenende, aber dann ist für Englisch keine Zeit.
Vielleicht ändert sich das, wenn meine **Mutter und er zusammenziehen**."

M2 Aus dem Gespräch zwischen Lena, Eva und Luca

Meine Familie ist anders

Schülerbuch Seite 92

In Deutschland leben viele Tausend Kinder in einer **Regenbogenfamilie**: Sie leben also bei **zwei Müttern** oder **zwei Vätern**. Lesbische Paare entscheiden sich oft für Kinder. Manchmal gibt es bereits Kinder aus früheren Beziehungen.

Lange mussten **gleichgeschlechtliche Paare** ihre Beziehung verstecken. Heute haben sie **mehr Rechte**. Sie können einen Bund fürs Leben schließen, in Form einer „eingetragenen Lebenspartnerschaft". Diese ist aber nicht in allen Punkten genau wie eine Ehe.

Eine wissenschaftliche Untersuchung hat gezeigt: **Gleichgeschlechtliche Eltern** sind **sehr liebevoll**. Die Kinder entwickeln sich in der Schule und im Beruf sehr gut. **Manchmal fehlt** der **andersgeschlechtliche Teil**, z. B. der Vater. Das ist bei alleinerziehenden Elternteilen ähnlich. Regenbogenkinder leiden auch sehr, wenn sich ihre Eltern trennen.

Johannes (13 Jahre) erzählt:
„Heute war ein ganz normaler Tag. Meine Schwester saß schon am Frühstückstisch. Auch **meine Mutter** saß schon da **und meine andere Mutter** auch. Für viele mag das jetzt sehr komisch klingen, aber für mich ist das ganz normal. Im Grunde ist es ja fast das Gleiche, man hat bloß keinen Vater im Haus. So etwas nennt man Regenbogenfamilie. **Als ich erfuhr**, dass meine **Mutter lesbisch** ist, musste ich mich erst einmal **daran gewöhnen**. Meine größte Sorge war, was meine Freunde denken. Doch im Grunde sind Regenbogenfamilien genauso **wie normale Familien**. ..."

Schülerbuch Seite 95

Methode: Karikaturen auswerten

Karikaturen sind besondere Bilder: Sie **übertreiben** z.B. eine Person, eine Verhaltensweise oder ein Ereignis bewusst.
Ziel einer Karikatur ist es: Man soll die übertrieben dargestellte Situation bemerken.
Dann soll man sich sein **eigenes Urteil** dazu **bilden**.
Dafür muss man herausfinden, was die **Aussage der Karikatur** ist.

1. Beschreiben
   Beschreibe deinen **Gesamteindruck**, dann die **Einzelheiten** der Karikatur mit den **W-Fragen**: Wer? Was? Wo? Warum? Wozu?)

2. Untersuchen:
   Gib der Karikatur eine **Überschrift**.
   Welche Einzelheiten sind wichtig?
   Wen oder was will der Zeichner der Karikatur **kritisieren**?
   Welche Wirkung will er erreichen?

3. Einordnen/Bewerten
   Hat der Zeichner der Karikatur mit seiner Kritik Recht?
   Was denkst du über das Problem?

Oma, wie war es früher bei euch?

Schülerbuch Seite 96

„Oma, erzähl doch mal! Wie war es, als du jung warst?“

Großmutter Irmgard ist davon überrascht.

Luca erklärt ihr: „Unsere GL-Lehrerin möchte, dass wir **Zeitzeugen** befragen.“

Luca bereitet sich gut auf das **Interview** vor.

Er möchte seine Großmutter über das **Familienleben früher** befragen.

Luca: „Wann bist du geboren und wann kamst du in die Schule?“

Oma: „Ich bin **1944** noch im **Krieg** geboren und dann mit sechs in die Schule gekommen – in die achtjährige **Volksschule**, wie es damals hieß.“

Luca: „Und dein Vater war nicht mehr bei euch, als du klein warst?“

Oma: „Ich habe ihn kaum kennen gelernt. Mein **Vater** war bis 1945 **im Krieg**. Den hat er **schwer verletzt** überlebt. Doch darüber haben wir nie gesprochen. Meine zwei Brüder und ich durften nie laut sein. Als ich 8 Jahre alt war, ist er **gestorben**.“

Luca: „Und was hat deine **Mutter** dann gemacht?“

Oma: „Für sie war es schwierig mit **drei Kindern**. Arbeit gab es in Massenheim nur während der Weinlese. Außerdem bekam sie etwas **Geld vom Staat**, weil ihr Mann im Krieg gestorben war. Aber es war immer **sehr wenig**.“

Luca: „Und was habt ihr zu Essen gehabt?“

Oma: „Wir haben nicht gehungert, doch oft gab es tagelang **Kartoffeln und Gemüse aus dem Garten**. Fleisch gab es nur zu Familienfesten. Zum Frühstück gab es nur ein **Glas Milch** und eine **Scheibe Brot mit Butter**. Besser ging es uns, als **mein älterer Bruder** mit seiner Ausbildung als Maschinenschlosser bei Opel angefangen und **Geld verdient** hat. Ich habe ihn damals **sehr beneidet**. Ich durfte **keinen Beruf lernen**, da meine Mutter glaubte, ich würde bald **heiraten und Kinder bekommen**.“

Schülerbuch Seite 97

Methode: Befragung von Zeitzeugen

Ein **Zeitzeuge** ist eine Person, die ein **vergangenes Ereignis** oder eine Entwicklung **miterlebt** hat.
Er oder sie kann **darüber berichten.**
So lernt man **Alltagserfahrungen** der Menschen kennen.
Aber man muss wissen:
Ein Zeitzeuge erzählt seine **eigene Sichtweise** auf die Vergangenheit.
Darum bekommt man **keine genauen Informationen** über ein geschichtliches Ereignis.

1. Vorbereitung

- Lege das **Thema** für deine Befragung von Zeitzeugen fest, z. B. Schule in den 1950er-Jahren.
- Suche zu dem Thema **Informationen in Büchern** und im Internet.
- Überlege, wer ein passender Zeitzeuge ist, z.B. jemand in deiner Familie oder Nachbarschaft.
- Überlege dir **Fragen**.
- Überlege, **wie** du das **Gespräch aufzeichnest**, z. B. Mitschreiben, Aufnehmen, Fotografieren.
  Frage den **Zeitzeugen**, ob er damit **einverstanden** ist.

2. Durchführung

- Stelle dich mit deinem Namen vor.
  Bereite die Geräte zur Aufnahme vor, falls du sie benutzt.
- Stelle deine Fragen.
- **Höre** während des Gesprächs **gut zu** und bleibe **höflich**.
- **Bedanke** dich am Ende des Gesprächs.
  Zeige dem Zeitzeugen deine Arbeitsergebnisse.

3. Auswertung

- Schreibe deinen **ersten Eindruck** von deiner Befragung auf.
  Welche Informationen hast du erhalten, welche nicht?
- Schreibe nun einen kurzen **Bericht**.
- Welche neuen Informationen hast du erhalten?
- **Stelle** deine **Ergebnisse in der Klasse vor**, z. B. mit einem Plakat, einem kurzen Film.

Armut in deutschen Familien

Schülerbuch Seite 98

Luca ist auf dem Weg zum **Schulkiosk.** Einmal in der Woche darf er sich dort kaufen, was er will. Auf dem Weg trifft er Lars. Luca: „Na, was kaufst du dir heute?" Lars: „Ich weiß nicht so genau. Normalerweise **kann** ich mir **nichts am Kiosk kaufen**. Ich lebe allein bei meinem Vater. Wir **haben nicht so viel Geld**. Denn mein Vater findet schon seit zwei Jahren **keine** neue **Arbeitsstelle**." Luca: „Wovon lebt ihr dann?" Lars: „Wir bekommen **Geld vom Staat**, es heißt Hartz IV. Mein Vater sagt immer, dass es **viel zu wenig** ist."

Luca fragt sich nach dem Gespräch: Wie kann es **in Deutschland arme Kinder** geben?

Armut – was bedeutet das?

Armut heißt, man hat **nicht genug an lebenswichtigen Dingen**, z. B. Essen, Kleidung und Wohnraum. Kinder sind meist arm, weil ihre Eltern arm sind. Eine **Ursache** ist, wenn die Eltern lange **arbeitslos** sind. Besonders betroffen sind **Alleinerziehende**. Ein weiterer Grund ist: Die **Arbeit** ist **schlecht bezahlt**.

Es gibt **verschiedene Arten von Armut**, hier zwei Beispiele: Ein Kind in Afrika hat keine Eltern mehr und verhungert fast. Ein Kind in Deutschland hat kein Geld für Hobbies. Beide Kinder sind arm, aber auf unterschiedliche Weise.

Absolute Armut: Jemand ist absolut arm, der weniger als etwa 1 Euro pro Tag hat. Die Menschen haben oft Hunger und kämpfen ums Überleben. **Relative Armut:** Jemand ist relativ arm, der viel **weniger Geld** hat **als die meisten Menschen in der Bevölkerung**. Bei uns gilt als relativ arm, wer etwa die Hälfte Geld von dem verdient, was die anderen in der Gesellschaft verdienen.

Schülerbuch Seite 98

Auswirkungen von Armut

Arme Kinder in Deutschland müssen auf viel **verzichten,** was für ihre Klassenkameraden normal ist.
Das sind z. B. ein neues Computerspiel oder neue Fußballschuhe.
Sie gehen **seltener zum Arzt**.
Sie haben meist einen **schlechteren Schulabschluss** als Kinder aus durchschnittlich verdienenden Familien.
Darüber hinaus leben ihre **Eltern häufig getrennt**.
Arme Kinder haben häufiger **Erfahrungen mit Drogen** und **Gewalt**.
Wenn arme Kinder erwachsen werden, sind sie häufig selbst arm.
Aber es gibt auch **Wege aus der Armut**.

Schülerbuch Seite 99

Marion Tauber ist **geschieden**.
Sie erzählt: „Mein Ex-Mann hat regelmäßig Geld verdient.
Er hat sich am Wochenende um unsere Kinder gekümmert.
Ich habe halbtags als Bürokauffrau gearbeitet.
So konnten wir in einem schönen Haus wohnen."
Nach der Trennung hat sich viel für die Familie geändert.
Weil der Ex-Mann nicht mehr arbeiten kann, bekommt Familie Tauber keinen Unterhalt von ihm.
Die **Mutter arbeitet ganztags.**
Es ist aber zu wenig Geld für eine Erwachsene und zwei Kinder.
Also muss **die Familie sparen**.
„Mit meinen Kindern habe ich offen über unsere **Geldprobleme** gesprochen", erzählt die Mutter.
„Wir sind in eine **kleinere Wohnung** gezogen.
Wenn die Kinder ein eigenes Smartphone wollen, müssen sie selbst Geld dafür verdienen.
Die **Kinder** können in der Woche **bei ihrer Oma essen**.
Das spart Geld für den Einkauf und Zeit."
Die Mutter hat noch andere Sparideen: **Secondhand-Kleidung** und im Supermarkt nur die **günstigen Angebote** kaufen.

M3 Armut macht erfinderisch

Nicht immer Friede, Freude, Eierkuchen

Schülerbuch Seite 101

Lösung von Familienkonflikten
Es kommt vor, dass sich **Kind und Eltern streiten**.
Es gibt verschiedene Arten, einen Streit zu lösen.

Methode 1: Die Eltern setzen sich durch.
Sie zwingen das Kind zum **Gehorsam**.

Methode 2: Die Eltern versuchen, ihr Kind zu **überreden**.
Gelingt ihnen das nicht, geben sie nach.
Sie lassen ihr **Kind** machen, **was es will**.

Methode 3: Eltern und Kind reden miteinander und suchen **im Gespräch eine Lösung**.
Beide Seiten machen Vorschläge.
Am Ende **einigt** man **sich auf** die **Lösung**, die für beide Seiten in Ordnung ist.

Methode Familienrat

1. Vorbereitung
Alle Familienmitglieder finden einen **gemeinsamen Termin**.

2. Durchführung
Ein Familienmitglied hat den **Vorsitz**.
Jeder kann über **ein Problem** sprechen (z.B. Taschengeld oder Ordnung), jeder darf etwas dazu sagen.
Dann sprechen alle über eine **Entscheidung, die allen gerecht wird**.
Jemand **schreibt auf**, was beschlossen wurde.
So kann man **überprüfen**, ob sich alle daran halten.

3. Mögliche Regeln
- Immer in **Ich-Botschaften** sprechen, z.B. „Ich würde gerne sonntags auch ... ."
- Alle lassen einander **aussprechen**.
- Jeder hat bei der **Abstimmung** die gleiche Stimme.
- Alle halten sich an eine Entscheidung.

4 Kinder weltweit

So leben Kinder in verschiedenen Ländern der Welt

Schülerbuch Seite 106

Nicht alle Kinder wachsen gleich auf.
Vielen Kindern geht es **sehr gut**: Sie bekommen immer eine warme Mahlzeit.
Sie haben genug Kleidung und ein Zuhause.
Sie gehen zur Schule und haben Eltern, die sich um sie kümmern.
Es gibt aber auch Millionen von **Kindern**, die **in großer Armut** leben.
Sie haben **nicht genug zu essen** und **keine saubere Kleidung**.
Viele Kinder **müssen arbeiten** oder haben niemanden.

Kinderrechte – was ist das?

Schülerbuch Seite 108

Alle Menschen auf der Welt **haben Rechte**.
Sie haben zum Beispiel das Recht:

- zu sagen, was sie denken,
- ihre eigene Sprache zu sprechen,
- an ihren Gott zu glauben oder nicht,
- nicht unmenschlich behandelt und gequält zu werden.

Die Generalversammlung der Vereinten Nationen (UNO) schrieb diese Rechte im Jahr 1948 auf.
Sie heißen „**Allgemeine Erklärung der Menschenrechte**“.
Sie gelten für alle Menschen auf der Welt.
Kinder brauchen **besonderen Schutz** und deshalb auch **besondere Rechte**.
Dann gab es eine Konvention: Jedes Land, das die Konvention unterschrieben hat, muss sich an die aufgeschriebenen Rechte halten.
Die **Kinderrechtskonvention** gilt seit 1989.
Fast alle Staaten der Welt haben diesen Vertrag unterschrieben.

Schülerbuch Seite 109

Methode Placemat

Das Wort „Placemat“ bedeutet „Tischdecke“.
Für die Methode braucht man einen **großen Papierbogen**.
Es gibt einen Aufgabe mit einer Frage oder mehreren **Fragen**.
Für diese sollt ihr möglichst **viele Antworten finden**.

Vorbereitung
Teilt die Klasse in Vierer-Gruppen auf.
Zeichnet als erstes ein Placemat auf einem A3- oder A2-Papier.
Es gibt **Einzelfelder** und ein **Gruppenfeld**.
Jedes Gruppenmitglied bekommt ein eigenes Feld.
In das **Gruppenfeld in der Mitte** tragt ihr später die Ideen ein, auf die sich die Gruppe geeinigt hat.

Durchführung

1. Schritt – **Nachdenken**:
Jeder in der Gruppe **denkt still** über die Frage **nach**.
Jeder schreibt seine Ideen auf sein Einzelfeld.

2. Schritt – **Austausch in der Gruppe**:
Ihr **stellt** euch **in der Gruppe** eure Antworten **vor**.
Ihr einigt euch auf **gemeinsame Antworten** der ganzen Gruppe.
Diese Antworten tragt ihr in das Gemeinschaftsfeld ein.

3. Schritt – **Gruppenergebnisse vorstellen und sammeln**:
Die Gruppen stellen sich gegenseitig vor, was sie in den Gemeinschaftsfeldern steht.
Sie **diskutieren** über **die Antworten**.
Die besonders wichtigen Antworten schreibt ihr an die Tafel.

Recht auf Überleben und Schutz

Schülerbuch Seite 110

Es gibt auf der Welt viele Millionen **Straßenkinder**. Die meisten davon leben in den Großstädten Lateinamerikas. Es gibt **obdachlose Kinder und Jugendliche** auch in Afrika und Asien, auch in Deutschland. Dort leben sie oft in Großstädten wie Berlin oder Frankfurt.

Ricardo ist ein Straßenkind. Er lebt in Rio de Janeiro, das ist eine sehr große Stadt in **Brasiliens**. Mit zehn Jahren ist er von zu Hause **weggelaufen**. Der Vater hatte die Familie verlassen, die Mutter bekam Ricardo und seine fünf Geschwister **nicht satt**. Jetzt muss Ricardo selbst für sich sorgen. Er **bettelt** um Geld oder Speisen. Gelegenheitsjobs bekommt er nur selten. Oft muss er **stehlen**, um zu überleben. Er fühlt sich zwar schuldig, hat dann aber für einige Tage ausgesorgt. Ricardo isst oft **verdorbene Nahrungsmittel** oder trinkt **verschmutztes Wasser**. Darum hat er **oft Bauchschmerzen und Durchfall**. Er kann aber Arzneimittel nicht bezahlen, sie sind zu teuer. Dann bekommt er **Angst**, wie es weitergehen soll. Andere Straßenjungen schnüffeln oft Klebstoff oder trinken Alkohol. Manchmal **vermisst** er **seine Familie**. Abends muss sich Ricardo einen **Schlafplatz suchen**. Das kann ein Hauseingang, eine Bushaltestelle oder der Bürgersteig sein. Mit einer **Plastikplane** deckt er sich zu.

Schülerbuch Seite 111

Alle Menschen sollen Kinder vor Gewalt, Krieg und Kinderarbeit schützen.
Trotzdem **arbeiten viele Kinder**, **um überleben** zu können.
Sie werden **als Soldaten** eingesetzt.
Außerdem gibt es viel **Gewalt gegen Kinder**.
Weltweit werden jedes Jahr viele Millionen Mädchen und Jungen sexuell **missbraucht**.
Jährlich werden viele Tausend Kinder **ermordet**.
Wenn Kinder von zu Hause weggelaufen sind, **betteln** oder **klauen**, kommen sie **ins Gefängnis**.
Gewalt gegen Kinder ist sogar in vielen Ländern erlaubt.
In einigen Ländern darf man Kinder in der Schule körperlich bestrafen.
Auch **in ihren Familien** erleben viele Kinder Gewalt oder sie werden **vernachlässigt**.
Schüler **in der Schule** gibt es auch Gewalt, zum Beispiel durch **Mobbing**.

Recht auf Bildung contra Kinderarbeit?

Schülerbuch Seite 112

Kinderarbeit ist **verboten**.
Trotzdem arbeiten weltweit Millionen Mädchen und Jungen.
Sie leben **in sehr armen Gebieten**.
Die Kinder müssen mitverdienen, so können die Familien überleben.
Ihre **Eltern haben** oft **keine** oder schlecht bezahlte **Arbeit**.
Die arbeitenden Kinder gehen nicht zur Schule.
Darum können sie später keinen richtigen Beruf erlernen.
Kinder sind **billige Arbeitskräfte**, z. B. in Steinbrüchen, Teppichfabriken oder in Reismühlen.
Diese Arbeit ist oft **schädlich für** ihre **Gesundheit**.
Viele bekommen starken Husten oder Rückenschmerzen.
Kinder sind leicht einzuschüchtern und **können sich nicht wehren**.

Schülerbuch Seite 112

Wie kann man **Kinderarbeit bekämpfen**?

- Die Armut der **Familien** muss man bekämpfen: Wer genug zum Überleben hat, muss seine Kinder nicht arbeiten schicken.
- Alle Kinder sollen zur **Schule** gehen können.
- Internationale **Organisationen** helfen und setzen sich für Kinder ein.

M3

Schülerbuch Seite 113

Lernen statt arbeiten – ein Schulprojekt für ehemalige Kinderarbeiter

Jasmin ist 11 Jahre alt und wohnt in **Bangladesch**, einem **armen Land in Südasien**.
Noch vor einem Jahr musste Jasmin täglich in einer **Großnäherei arbeiten**, 15 Stunden am Tag im Schneidersitz.
„Wir hatten **nur zwei Pausen**.
Viele sind nach der Arbeit gar nicht nach Hause gegangen, sondern haben an ihrem Arbeitsplatz geschlafen", erinnert sie sich.
Vor einem Jahr hat sich **ihr Leben verändert**.
Jetzt besucht sie eine **Schule für frühere Kinderarbeiter**.
Die Organisation UNICEF hat ihr dabei geholfen.
Jasmin freut sie sich auf den Unterricht, am liebsten mag sie lesen.

UNICEF will den Kindern helfen.
Darum gibt es einen **Vertrag mit den Fabriken in Bangladesch**.
Darin steht: Die Fabrikbesitzer lassen **nur keine Kinder ab 14 Jahre arbeiten**.
Die **jüngeren** Kinder dürfen in die **Schule** gehen.
Sie bekommen dazu jeden Monat etwas **Geld für die Familie**.
Hilfsvereine aus Bangladesch haben mit UNICEF das Programm für Kinderarbeiter entwickelt.
Jasmin kann bei Kursen mitmachen, die **auf einen Beruf vorbereiten**.

Recht auf Gesundheit

Schülerbuch Seite 116

Jeden Tag Wasserholen

Djamila ist 10 Jahre alt und lebt in **NIger**.
Niger ist ein Land in **Westafrika**.
Djamila geht jeden Morgen zum Brunnen.
Sie wohnt in einer **Nomadensiedlung**, dort gibt es keine Wasserpumpe.
Deshalb muss sie **achtmal zum Brunnen** in dem nahen Dorf Garin Goulbi gehen.

In Garin Goulbi leben viele Hirten: Sie hüten die Kühe, Schafe und Ziegen der Dorfbewohner.
Das Dorf hat einen neuen Brunnen.
So haben die Menschen auch **sauberes Trinkwasser**.
Es gab einen alten Brunnen, aber es war gefährlich, das Wasser zu trinken.
Sauberes Wasser ist **wichtig für die Gesundheit**.
Für das Wasser aus dem neuen Brunnen **bezahlen die Dorfbewohnern**.
Für jeden kostet es gleich viel.
Von dem Geld kann man **wichtige Reparaturen** bezahlen.

Nach dem Wasserholen **verarbeitet** Djamila **jeden Tag Hirse**.
Sie **tränkt** die Tiere, **wäscht** das Geschirr und Wäsche, sammelt Feuerholz.
Djamila kann **nicht zur Schule gehen**, weil sie zu viel arbeiten muss.

Schülerbuch Seite 117

In armen Ländern sind oft die **Luft und** das **Wasser verschmutzt**.
Die Menschen kochen zuhause auf offenem Feuer.
Der Rauch kann nicht aus den Räumen abziehen.
Davon bekommt man oft schlimmen **Husten** oder sogar **Lungenentzündung**.
Viele Kinder sterben daran.
Kinder bekommen oft **Durchfall** von dem schmutzigen Wasser.
Sie sind schwach, weil sie nicht genug zu essen haben.
Der Durchfall macht sie dann noch schwächer.
Viele **Kinder sterben** auch daran.
In armen Ländern **fehlt oft sauberes Wasser zum Trinken** und Kochen.
Es gibt auch **keine Toiletten** und Abwasserkanäle.
Das sind aber alles Dinge, die sehr wichtig für die Gesundheit sind.

Flüchtlingskinder

Schülerbuch Seite 118

Artikel 22 der UN-Flüchtlingskonvention:
Flüchtlingskinder haben das Recht auf Schutz, egal ob sie mit ihren Eltern oder anderen Personen unterwegs sind.

Ich bin **Roknudin**, 13 Jahre alt und komme aus **Afghanistan**.
Mein Hobby ist Fußballspielen.
Aber das konnte ich schon lange nicht mehr machen.
Ich bin **krank** und kann meine Beine nicht mehr richtig bewegen.
Ich brauche regelmäßig eine Spritze.
In Afghanistan ist das Leben unsicher und es gibt immer wieder Bombenanschläge.
Es gibt **nur wenige** Medikamente und **Krankenhäuser**.
Meine **Eltern** konnten die **teuren Medikamente nicht** mehr **bezahlen.**
Sie entschieden: Ich soll **nach Europa** gehen.
Dort bekomme ich vielleicht **Hilfe.**
Mein Vater brachte mich nach Pakistan, von dort nahm ich ein Flugzeug nach Ungarn.
In Ungarn bekam ich medizinische Hilfe.
Dort konnte ich aber nicht bleiben, weil meine Medikamente zu teuer waren.
Ein Onkel meiner Mutter lebte in München.
Ich machte mich **auf den Weg nach Deutschland**.
Da hat mich der Schaffner ohne Fahrkarte erwischt.
Dann hat mich die **Polizei** ins Krankenhaus gebracht …
Jetzt wohne ich in einem **Heim für Kinderflüchtlinge**, lerne Deutsch und kann **zur Schule gehen**.
Und das wichtigste: Ich bekomme **regelmäßig Medikamente**.
Meine Familie vermisse ich sehr.
Aber ich möchte hier eine Ausbildung zum Automechaniker machen.
Ich weiß noch nicht, **wie lange ich** in Deutschland **bleiben darf**.

M2 Roknudins Flucht

Schülerbuch Seite 119

Menschen auf der Flucht

Bürgerkrieg, Verfolgung, Naturkatastrophen, Hunger und Elend sind **Gründe**, die weltweit Menschen zur Flucht treiben.

Dazu kommen viele Millionen Menschen, die in ihrem eigenen Land ohne festen Platz zum Leben sind.

Flüchtlinge sind fast nirgends auf der Welt willkommen, denn **mit ihnen** muss man **Nahrung, Wohnraum und Arbeit teilen**.

Manche **Länder schließen** ihre **Grenzen für Flüchtlinge**.

Viele Menschen auf der Flucht **leben** deshalb in **Lagern**, in Zeltstädten oder am **Straßenrand**.

Deutschland und viele andere Staaten haben einen **internationalen Vertrag** unterschrieben.

Darin steht: Man darf niemanden **in ein Gebiet zurückschicken, wo** sein **Leben** oder seine Freiheit **bedroht ist**.

Roknudin bekommt für eine Weile Schutz in Deutschland.

Kriegsflüchtlinge müssen wieder zurück in ihre Heimat, wenn die Situation dort besser ist.

Kindersoldaten

Schülerbuch Seite 120

Viele Staaten haben einen wichtigen Vertrag unterschrieben.
Der Vertrag heißt **UN-Kinderrechtskonvention**.
In dem Vertrag steht zum Beispiel:
Wir wollen **das Kind vor Gewalt** an Körper und Seele **schützen**.
Dafür tun wir **alles Notwendige**.

In über 20 Ländern der Welt leben einige Tausend Jungen und Mädchen als **Kindersoldaten**.
Sie sind jünger als 18 Jahre und **kämpfen** mit bewaffneten Gruppen.
Man setzt sie **als Kämpfer**, **Köche**, **Boten** oder **Spione** ein.
Die Soldaten haben sie **gezwungen** oder sie haben sich **aus Not** dazu **entschieden**.
In einigen Gebieten Afrikas gibt es seit Jahren Kämpfe.
Kämpfergruppen zwingen auch Kinder, Soldaten zu sein.
Sie bekommen wenig Geld.
Manche haben ihre Familie verloren und **suchen Schutz** und Nahrung **bei bewaffneten Gruppen**.
Kindersoldaten müssen den Befehlen **gehorchen**.
Man gibt ihnen Alkohol und Drogen.
Man zwingt sie, grausame Dinge zu machen: Sie **müssen Menschen schlagen**, **ausrauben** oder **töten**.

Schülerbuch Seite 121

Frage: Wie wurden Sie zur Kindersoldatin?
Antwort: Ich lebte damals bei meinem Vater. Er schlug mich. Ich lief weg, um meine Mutter zu suchen. Aber bei ihr konnte ich auch nicht bleiben.
Irgendwann war da dieser Mann, er war **ein Rebell**. Er meinte, **ich könne dort schlafen**. Dort waren viele Kinder, einige waren nur fünf oder sechs Jahre alt.

Frage: Wann haben Sie begriffen, dass Sie bei einer Armee waren?
Antwort: Sofort, denn ich wurde **gleich trainiert**.
Doch ich konnte nicht richtig marschieren. Da wurde der **Kommandant** böse. Er fragte mich nach meinem Namen.
Ich war ängstlich und schaute zu Boden.
Da **schrie er mich an**: „Schau mich an, du mit den chinesischen Augen!" Seitdem heiße ich China.

Frage: Können Sie sich an Ihren ersten Einsatz erinnern?
Antwort: Es war ein **Kampf zwischen den Rebellen und den Regierungstruppen**.
Ich habe gesehen, wie man Menschen **gefangennahm**, **geschlagen** und **getreten** hat.
Die Rebellen haben auch mit Äxten viele Menschen **getötet**.

Frage: Was waren die Aufgaben der Kindersoldaten?
Antwort: Wir mussten einen erwachsenen Rebellen beschützen.
Wir mussten **Wasser holen** und **Kochen**.
Wir mussten **bei gefährliche Einsätzen** mitmachen und **schießen**.

M3 Aus einem Interview mit China Keitetsi über ihr Leben als Kindersoldatin

Gewalt gegen Kinder – Kinderrechte in Deutschland

Schülerbuch Seite 122

Ursachen und Folgen von Gewalt

Gewalt bedeutet: Eine Person ist sehr stark und tut anderen damit weh.
So zählt zur Gewalt, wenn jemand **bedroht**, **geschlagen** oder mit einer Waffe **verletzt** wird.
Man kann auch jemanden mit Worten quälen.
Diese Form von Gewalt nennt man **Mobbing**.
Gewalt wirkt auf die Seele und den Körper des Opfers.

Vernachlässigung ist, wenn ein Kind **nicht** die **notwendige Hilfe für sein tägliches Leben** bekommt, zum Beispiel keine warmen Mahlzeiten.
Gewalt gibt es auch zuhause **in der Familie**.
Die Gründe sind verschieden: Manche Menschen sind sehr arm oder sie haben großen Stress.
Manche haben ein Problem mit Alkohol und Drogen.
Dann können sie nicht richtig mit Problemen oder Streit umgehen und sind gewalttätig.
Kinder zu **schlagen** ist in Deutschland aber **verboten**.

Gewalt kommt auch in der **Schule** vor.
Viele Kinder **verschweigen** das, weil sie sich **schämen** oder weil sie **Angst** haben.
Werdet ihr selbst Opfer oder ihr seht, wie jemandem Gewalt angetan wird: Holt **Hilfe**, z. B. beim **Vertrauenslehrer** oder bei **Notfallnummern** wie „Nummer gegen Kummer".

Schülerbuch Seite 123

Man kann auf Gewalt auch anders reagieren!

Reagieren bedeutet „**sich verhalten**".
Führt in kleinen Gruppen ein **Rollenspiel** durch.
Es gibt eine Situation – ihr verhaltet euch auf drei **verschiedene Weisen** dazu.
A – mit einer angreiferischen Antwort,
B – mit einer ängstlichen Antwort,
C – mit einer selbstbewussten, aber nicht ausgrenzenden Antwort.

Situation 1:
Tom hat die **Schultasche von Felix** im Papierkorb ausgeschüttet und die Schultasche dann im Waschbecken gewässert.
Du siehst, was Tom mit der Schultasche von Felix macht.
Wie verhältst du dich?

Situation 2:
Umut ist **körperlich behindert**.
Einige Jungen aus der Klasse **hänseln** ihn beim Fangen oder Fußballspielen.
Manchmal **darf** er gar **nicht mitspielen**.
Du bist Klassensprecherin und sprichst mit Max, dem Anführer der hänselnden Jungen.

M4 Wie auf Gewalt reagieren?

5 Frühe Kulturen

Zusatz: Orientierung in der Geschichte

Schülerbuch Seite 128

Die historischen Groß-Epochen
Die Menschen erfanden die **Zeitrechnung** und den **Kalender**. So können sie **Ereignisse** bestimmen und **einordnen**. Verschiedene Völker haben **unterschiedliche Zählweisen** entwickelt. Auch ihre Jahre sind verschieden lang. Die Römer z. B. zählten die Jahre nach der Gründung Roms. Wir verwenden die christliche Zeitrechnung. Sie zählt – von der Geburt Christi ausgehend – vor und zurück (vor Christus / nach Christus).

Wir wollen **geschichtliche Ereignisse** und Vorgänge in eine richtige **Abfolge** bringen. Geschichtsforscher teilen die Geschichte der Menschen in **Epochen** ein. Epochen sind **Zeitabschnitte**. Sie unterscheiden dabei grob sechs Epochen:
- die Vor- und Frühgeschichte
- das Altertum (die Antike)
- das Mittelalter
- die Neuzeit
- die Neueste Zeit

Projekt: Eine Recherche zur eigenen „Geschichte“

Schülerbuch Seite 130

Jeder Mensch hat seine **eigene**, persönliche **Vergangenheit**. Vergangenheit bezeichnet man auch als Geschichte. Diese Geschichte kann man **auf einem Zeitstrahl** darstellen. Einzelne Ereignisse aus dieser Geschichte können **mit Bildern, Gegenständen** und **Texten** bewiesen werden. Diese Beweise nennt man auch Quellen: Textquellen, Sachquellen und andere. Eure eigene Geschichte ist zwar erst 10, 11 oder 12 Jahre alt. Aber es lohnt sich, eure Geschichte aufzumalen und Quellen für euer Leben zu suchen.

Ihr braucht für einen Zeitstrahl:

- ein großes Plakat für jeden Schüler
- Farbstifte, Lineal und Kleber
- eigene Quellen (Kopien, Gegenstände, Berichte, Fotos)

Geburt: Als Quelle für die Geburt verwendet Sophie eine Kopie ihrer Geburtsurkunde. Auf dieser **Urkunde** steht, wann und wo sie geboren ist und wer ihre Eltern sind. Ihr könnt auch ein **Bild** oder einen **Bericht** von euren Eltern verwenden.

Der 70. Geburtstag von Opa: Sophie erinnert sich an den Geburtstag kaum, aber sie hat schon viele schöne Fotos davon gesehen. Also benutzt sie als Quelle ein Foto.

Erster Schultag in der Grundschule: Sophie hat ein **Interview** mit ihrem Vater gemacht. Denn er erinnert sich noch sehr gut an die Einschulung von Sophie. Diesen **Zeugenbericht** hat sie hier verwendet.

Der erste Schultag in der Gesamtschule:
Sophie schreibt selbst einen Zeugenbericht, wie sie ihren ersten Schultag erlebt hat. Man kann auch die **Einladung zur Feier** aufkleben.

Woher wissen wir etwas über die Vergangenheit?

Schülerbuch Seite 132

Leichenfund bei Bauarbeiten

Bei den Bauarbeiten für die neue Tiefgarage im Stadtzentrum wurde gestern eine Entdeckung gemacht.
Als die Bauarbeiter eine Grube aushoben, stießen sie auf die **Knochen von einem Menschen**.
Sie riefen die Polizei.
Die Polizei fand heraus: Das ist eine **Aufgabe für Historiker**.
Historiker sind Geschichtsforscher.
Denn es sind die Überreste eines Menschen, der hier **vor Tausenden Jahren lebte**.
Nun untersuchen die Historiker den Fund: Sie sichern alle Spuren.

Der Fundort

Die Geschichtsforscher **untersuchen** nun die **Fundstelle**.
Mit kleinen Pinseln und Ministaubsaugern befreien sie die Funde von Erdklumpen und Staub.
Dann **vermessen, fotografieren** und nummerieren die Forscher alles.
So weiß man später genau, wo die verschiedenen Fundstücke gelegen haben.
Die Forscher haben nun die Aufgabe, aus den Fundstücken eine genaue **Nachbildung herzustellen**.
Sie wollen wissen: Wie alt war der Mensch? Wann hat er gelebt? Wie hat er gelebt?

Schülerbuch Seite 133

Quellen erzählen uns etwas über die Vergangenheit

Geschichtsforscher arbeiten mit Quellen.
Ein **Quelle** ist eine Art **Beweis**: Sie zeigt, wie es in vergangenen Zeiten war.
Geschichtliche Quellen helfen, **das frühere Leben nachzubilden** und zu **verstehen**.
Bei den Quellen unterscheidet man drei Quellenarten:

- **Sachquellen**: Werkzeuge, Töpfe, Münzen
- **Bildquellen**: Höhlenmalerei, Fotografien
- **Schriftquellen**: Briefe, Bücher.

Bei unserer Ausgrabung wurden z. B. Gegenstände entdeckt.
Sie stellen sich folgende **Fragen**:

- Was ist es für ein Gegenstand?
- Aus welchem Material ist der Gegenstand?
- Welche Form hat er?
- Sind Bilder oder Zeichen zu sehen?
- Wofür wurde der Gegenstand benutzt?

Bei vielen Untersuchungen helfen heute **Computer** und **Messgeräte**.
In unserem Fall haben die Forscher festgestellt: Die Leiche war ein Mensch aus dem Volk der Kelten.
Die Kelten waren schon 600 vor Chistus in unserer Gegend zu Hause, also vor etwa 2600 Jahren.

Geschichte lässt sich auch erzählen

Schülerbuch Seite 134

Ein indianischer Geschichtenerzähler

M1 zeigt eine Tonfigur aus den 1990er-Jahren.
Navaho-Indianer haben sie hergestellt.
Das ist ein Indianerstamm, der in **Nordamerika** lebt.
Die große Figur ist der **Geschichtenerzähler** des Stammes.
Er erzählt den Kindern **Geschichten von früher** – aus der Zeit ihrer Eltern und Großeltern oder aus noch älteren Zeiten über ihre **Vorfahren**.
Der Geschichtenerzähler ist **zugleich der Lehrer**.
Man kann also Geschichte auch einfach erzählen.

Es ging früher auch ohne Bücher

Früher gab es wenig Schrift und Bücher.
Damals **erzählten ältere Menschen** den jüngeren **die Ereignisse, die früher** geschehen waren.
Man hörte ihnen gespannt zu.
Es gab noch keinen Geschichtsunterricht.
Die **Älteren** waren **die Einzigen, die über die Vergangenheit berichten konnten**.
Das war bei vielen Völkern und Kulturen so.
Das **mündliche Weitergeben** von Geschichte gibt es auch heute noch.
Menschen erzählen, wie sie früher spielten und arbeiteten oder was sie aßen.

Schülerbuch Seite 135

Geschichte kann man ganz unterschiedlich erzählen

Geschichte und **Geschichten** sind sehr unterschiedliche Dinge.
Beide haben sehr verschiedene **Erinnerungen und Erfahrungen** gemacht.
Eine junge Witwe wird die Nachkriegszeit völlig anders darstellen als ihr 7-jähriges Kind.
Das konnte unbeaufsichtigt auf der Straße spielen.
Geschichten haben etwas mit **eigenen** Erfahrungen und **Erlebnissen** zu tun.
Die **allgemeine Geschichte** versucht, viele unterschiedliche Erfahrungen zu **sammeln**.

Geschichten und Geschichtswissenschaft

Schon **seit der Antike** schrieben Menschen Geschichten und Geschichte auf.
So haben wir z. B. über die Kriege zwischen den Römern und den Griechen ganz unterschiedliche Geschichten und Berichte.
Damit befasst sich die **Geschichtswissenschaft**.
Sie **prüft die erzählten Geschichten**.
Sie **fragt** danach, **warum** jemand Geschichte so oder so erzählt hat.
Kann man diesen Geschichten glauben oder sind sie erfunden?

Wenn man die Geschichten geprüft hat, dann wird daraus allgemeine Geschichte.

Geschichte begegnet uns im Heimatort

Schülerbuch Seite 136

Auch eure **Stadt oder ein Stadtteil** hat eine spannende **Geschichte**.
Diese könnt ihr im Unterricht selbst **erkunden**.
Die Ergebnisse eurer Erkundung könnt ihr dann auf einem Plakat zeigen.

Methode: Tipps für eine Erkundung

Schritt 1:
Festlegung auf einen bestimmten Ort, Stadtteil oder ein Gebäude

Schritt 2:
Überlegt euch **Fragen**: Was wollt ihr herausfinden?
Zum Beispiel: Entwicklung der Einwohnerzahl, Kriegszerstörungen, bedeutende Persönlichkeiten, Sagen.

Schritt 3:
Sammelt **Informationen**: **Schaut euch den Ort an,** über den ihr etwas wissen wollt.
Forscht in der Schul- und Stadtbibliothek nach, befragt ältere Mitmenschen.
Schreibt eure Ergebnisse **auf**.
Fotografiert wichtige Bauwerke oder Einzelheiten.

Schritt 4:
Ordnet eure Ergebnisse nach Zeit und Thema: Verfasst z. B. eine **Wandzeitung**.
Achtet dabei auf eine große, gut lesbare Schrift.

Zusatz: Auch Technik hat Geschichte: Vom Bohren und Schrauben

Schülerbuch Seite 138

Vor über einer Million Jahren fingen die Menschen an, **einfache Werkzeuge** zu **entwickeln**. Das war ein großer Schritt. Besonders wichtig war dabei die **Technik des Bohrens**. Mit einem Holz- oder Steinbohrer lassen sich zum Beispiel Löcher bohren. So stellten sie **Waffen** wie Steinäxte her. Später konnten die Menschen sogar **Löcher in Steine bohren**.

Feuer machen durch Bohren

Beim Bohren entsteht **Hitze**. Vor vielen Tausend Jahren **nutzten** die Menschen das zum ersten Mal: **Sie machten Feuer**. Das ging so: Man dreht ein hartes Holz sehr schnell auf einem weichen Holz. Das Holz wird sehr heiß. Wenn man vorsichtig pustet, entsteht Feuer. **Mit dieser Technik** konnte man viele andere **neue Dinge entwickeln**, zum Beispiel **Kochen**, Erze und **Metalle schmelzen**.

Menschen in der Frühzeit

Schülerbuch Seite 140

Während der letzten **Eiszeit** gab es große **Gletscher** in **Nordeuropa**. Die Temperaturen waren etwa 10 °C niedriger als heute. Es wuchsen **kleine Bäume**, **Sträucher**, Moose und Flechten. Es gab viele **Hirsche**, Rentiere und Wildpferde in dem Gebiet, wo heute Deutschland liegt. Südlicher, im Gebiet vor den Alpen, lag nur wenig Schnee. Die Tiere lebten im Gebiet der Flüsse Donau, Main und Rhein,denn hier lag nur wenig Schnee. Als die letzte **Eiszeit endete**, schmolzen die großen Gletscher. Das **Klima wurde wärmer**, das dauerte viele Hunderte Jahre. Nun wuchsen **große Wälder** und es gab Steppen.

Menschen leben als Jäger und Sammler

Schülerbuch Seite 141

Die Menschen lebten dort, wo sie genug Essen fanden.
Sie **lebten** in einer **Gruppe** von etwa zehn bis zwanzig Menschen.
Gemeinsam **wanderten sie durch große Gebiete** und suchten Nahrung.
Meistens **sammelten** die Frauen und Kinder Früchte, Körner, Beeren und Pilze.
Sie legten immer einen **kleinen Vorrat** an.
Die Männer **jagten** und besorgten das Fleisch.

Die Menschen waren **Nomaden**: Sie folgten den Tieren und wechselten häufig den Wohnplatz.
Die Jäger benutzten Pfeil und Bogen oder Fallgruben.
Die Menschen verwendeten **alle Teile vom getöteten Tier**.
Aus den **Fellen** und den **Häuten** stellten die Menschen Kleider und Zelte her.
Die **Knochen**, Zähne und **Geweihe** wurden zu Jagdwaffen und Werkzeugen.

Schülerbuch Seite 142

Menschen nutzen Steinwerkzeuge
Die Menschen der Altsteinzeit lebten hauptsächlich von der Jagd.
Sie **brauchten Jagdwaffen** und **Werkzeuge**.
Das älteste Werkzeug ist der **Faustkeil**.
Er diente zum **Ausgraben** von Wurzeln, Töten von Beutetieren und Verarbeiten der Beute.
Die **Feuerstein** bekamen scharfe, dünne Kanten.
Damit konnten die Menschen leichter Tierhäute schneiden.
Mit dem Feuerstein **machten** die Menschen **Feuer**.
Beim Schlagen des Steins entstanden kleine Funken.
Mit den Funken brachte man Holz zum Brennen.
Sie konnten sich **Essen kochen**, sich **wärmen** und **wilde Tiere vertreiben**.
All ihr erworbenes Wissen gaben die Menschen an ihre Kinder weiter.

Die Menschen werden sesshaft

Schülerbuch Seite 143

Vor einigen Tausend Jahren **veränderte** sich die **Lebensweise** der Menschen: Am Ende der letzten Kaltzeit schmolzen die Gletscher.
Es wuchsen **große Wälder**, auf fruchtbaren Böden wuchsen **Gräser und Blumen**.
Durch das **wärmere Klima** starben zum Beispiel die Mammuts aus.
Die Rentierherden verschwanden aus Mitteleuropa.
Das bedeutete: Die **Jagd reichte nicht mehr** zum Überleben.
Die Menschen fanden Plätze, wo sie das ganze Jahr leben konnten.
Sie ernährten sich im Sommer vom Fischfang und vom **Sammeln** von Früchten und Gräsersamen.
So blieben sie und **bauten** sich **festere Wohnstätten**.

Schülerbuch Seite 144

Um 5000 vor Christus: Der Mensch wird Bauer
Es begann im **Zweistromland** zwischen den Flüssen Euphrat und Tigris: auf dem Gebiet der Türkei, Syrien und des Irak.
Dort **züchteten** die Menschen aus Wildsamen Getreide und bauten es auf Feldern an.
Sie legten sich **Vorräte für den Winter** an.
Außerdem zähmten sie Tiere und hielten sie als **Nutztiere**.
Wo das Klima gut war, baute man Getreide an.
Diese Wirtschaftsweise **verbreitete** sich vom Zweistromland aus bis **nach Europa**.

Die **Ackerbauern** und **Viehzüchter** konnten an einem Ort bleiben.
Sie mussten nicht mehr den Tierherden hinterherziehen.
Sie bearbeiteten kleine **Ackerflächen**.
Dort bauten sie **Getreide**, **Erbsen** und **Flachs** an.
Das Getreide mahlte man mit Mahlsteinen zu **Mehl** und backte daraus **Fladenbrote**.
Rinder, Schafe, Schweine oder Hühner gaben Fleisch, Milch, Eier und Wolle.
Die Menschen machten viele dieser **Lebensmittel haltbar**.

Schülerbuch Seite 144

Bau von winterfesten Häusern

Die Menschen der Jungsteinzeit bauten **Langhäuser** und wohnten in **Siedlungen**.
Für den Hausbau brauchten sie **Pfosten**: Sie stützen das Dach und die Wände.
Das Dach wurde mit **Schilf** gedeckt.
Aus dünnen Stäben und Weidenruten flocht man die Wände.
Dann verschmierte man sie mit **Lehm**.
Die Häuser hatten einen niedrigen Eingang und noch **keine Fenster**.
Durch ein Loch an der Giebelspitze konnte der Rauch der **Feuerstelle** abziehen.

Schülerbuch Seite 145

Die Dorfgemeinschaft: Zusammenleben in der Sippe

Großeltern, Eltern und Kinder wohnten als **Großfamilie** zusammen **in einem Haus**.
Mehrere Häuser bildeten eine Siedlung.
Die Bauern **verteilten Acker- und Weideflächen** friedlich.
Viele **Arbeiten** konnten sie **nur gemeinsam schaffen**.
Die sesshaften Bauern **lagerten** Nahrungsvorräte, Vieh und Hausrat.

Fortschritt durch Arbeitsteilung

Die Menschen fingen an, ihre **Arbeit aufzuteilen**.
Das nennt man Arbeitsteilung.
Es gab **Handwerker**: Sie stellten Geräte und Werkzeuge her.
Diese **Waren tauschten** sie.
Es blieben Lebensmittel oder Werkzeuge übrig, die die Bauern **nicht selbst benötigten**.
Diese benutzten sie als **Tauschmittel**.

Höhlenbilder, Gräber und Totenkult

Schülerbuch Seite 148

Geheimnisvolle Höhlenbilder

Forscher haben Höhlenmalereien aus der **Steinzeit** gefunden.
Höhlenmalereien sind Bilder, die Menschen in Höhlen gemalt haben.
Es gibt viele Höhlen in Südfrankreich und Spanien, sie sind **viele Tausend Jahre** alt.
Die **Bilder** zeigen **Tiere und Jagdszenen**.
Die Geschichtsforscher fragen sich: **Warum** malten die Steinzeitmenschen die Bilder?
Eine Idee ist: Man verehrte und beschwörte die Tiere **für eine erfolgreiche Jagd**.

Totenkult

In der Altsteinzeit **bestatteten** die Menschen **ihre Toten feierlich**.
Sie **glaubten** an ein **Leben nach dem Tod**.
Das hat man bei Ausgrabungen herausgefunden.
Die Steinzeitmenschen legten ihren Verstorbenen Dinge **ins Grab**.
Waffen und Werkzeuge sollten für das Leben im Jenseits hilfreich sein.
Auch legten sie Tongefäße für Essen und Trinken, Schmuck und Klingen dazu.

Schülerbuch Seite 149

Grabstätten

Forscher haben viele Skelette in Gräbern aus der Steinzeit gefunden.
In manchen Gegenden bestatteten die Menschen der Jungsteinzeit ihre Toten in **Großsteingräbern**.
Vor allem **in Norddeutschland** findet man Reste solcher Grabstätten.
Man nennt sie **Hünengräber**.
Ursprünglich waren die Hünengräber **von einem Erdhügel überdeckt**.
Ein schmaler Gang führte zur **Grabkammer**.

Zusatz: Beobachtungen aus der experimentellen Archäologie

Schülerbuch Seite 150

Getreidemahlen – Entwicklung seit 5000 Jahren

Seit Stunden kniet der Junge in seiner Hütte und **mahlt Getreidekörner**.
Dazu schiebt er den runden Stein über einen größeren, nach innen gewölbten **Mahlstein** hin und her.
Das Mehl sammelt er in einem Tonkrug.
Das **grobe Mehl** wird anschließend mit **Wasser, Sauerteig** und **Salz** verrührt und **verknetet**.
Die flachen **Brotlaibe** kommen dann auf einen heißen Stein oder in einen Backofen.
Diese Mahltechnik war sehr **mühselig**.
Darum überlegten die Menschen, wie man Getreidekörner besser zerkleinern kann.

Große Fortschritte: Getreide, Mühlen und Brotbacken

Vor vielen Tausend Jahren gelang es den Menschen, Getreide anzupflanzen.
Dadurch konnten die Menschen sesshaft werden.
So wurden aus Jägern und Sammlern Bauern.
Sie bauten **verschiedene Getreidearten** an, z. B. Einkorn, Gerste und Weizen.
Die Menschen wollten **aus Getreidekörnern Mehl** machen.
Das Mehl konnten sie dann **weiterverarbeiten**.
Dazu musste man die **Körner zerkleinern**, das heißt mahlen.
Sie nutzten dazu **Reibemühlen**.
Das sind flache Steine mit einer rauen Oberfläche, auf der das Getreide mit einem Reibestein gemahlen wird.

Metalle verändern die Welt

Schülerbuch Seite 154

In der Steinzeit benutzten die Menschen Tiersehnen, Knochen, Holz und Stein. Daraus stellten sie Werkzeuge, Waffen und Schmuck her. Dann wurde entdeckt, dass in Steinen Metalle vorkommen. Diese **metallhaltigen Steine** nennt man **Erz**. Die Menschen **zerkleinerten** die **Steine und erhitzten** sie. So **schmolz** das darin vorhandene **Metall**. Man fing es auf und konnte es **in Formen gießen**.

Von der Bronze zum Eisen

Zuerst verarbeiteten die Menschen **Kupfer**. Da es sehr weich ist, verbogen sich aber die Werkstücke leicht. Menschen im östlichen Mittelmeerraum entdeckten, dass Kupfer härter wird, wenn man Zinn zugibt. So entstand **Bronze**. Aus diesem Metall wurden nun Werkzeuge, Waffen und Schmuck hergestellt.

Eisenerz ist häufiger zu finden. Um **Eisen** zu schmelzen, braucht man hohe Temperaturen. Die Menschen bauten Öfen, in denen man Eisen schmelzen konnte. Menschen arbeiteten nun mit dem härteren und billigeren Eisen.

Schülerbuch Seite 155

Das Zusammenleben verändert sich

Die Menschen hatten das Metall entdeckt. Es entstanden neue Berufe, zum Beispiel der Bergmann, der das Erz abbaute. Außerdem entwickelten sich **Handwerksberufe**. Der **Köhler** stellte die Holzkohle her und schmolz das Erz zu Metall. Der **Schmied** verarbeitete es zu Werkzeugen und Schmuck. **Händler** tauschten Erze, Werkzeuge, Salz und Schmuck.

6 Ägypten – eine frühe Hochkultur

Ägypten – ein Geschenk des Nils

Schülerbuch Seite 160

Der **Nil** ist der längste Fluss der Erde. Er **fließt** von Süden nach Norden auch **durch Ägypten**. Tausend Kilometer zieht sich hier das **Niltal** wie **eine Oase** durch das Land. Der Nil **fließt** durch die Arabische und Libysche **Wüste**. Das ist ein Gebiet, in dem fast kein Niederschlag fällt. Trotzdem **wachsen** im Niltal **Palmen, Getreide, Gemüse** und **Früchte**.

Wie kommt das Wasser in die Wüste?

Der Nil hat **zwei Quellflüsse**: der Weiße Nil und der Blaue Nil. Der **Blaue Nil** entspringt im Hochland von **Äthiopien**: Dort regnet es im Sommer sehr viel. Durch diese **Regenfälle** steigt der Wasserstand des Nils einmal im Jahr um viele Meter. Dann ist das **Niltal von Mitte Juli bis Mitte Oktober überschwemmt**. Es sieht aus wie ein großer lang gestreckter See. Seit dem Bau des Assuan-Staudammes gibt es diese Hochwässer nicht mehr.

Der Nil hinterlässt wertvollen Schlamm

Wenn das Hochwasser abgeflossen ist, dann waren die beiden **Flussufer** mit **schwarzem Schlamm** bedeckt. Auf diesem Schlamm legten die Ägypter ihre **Felder** an. Die Ägypter waren **dankbar für das Hochwasser**: Damit bewässerten sie ihre Felder und bekamen **gute Ernten**. Für die Bewässerung bauten sie viele **Kanäle**. Im alten Ägypten **verehrten** die Menschen den Nil wie einen Gott.

Schülerbuch Seite 161

Der Nil stellt die Menschen vor Aufgaben

Der Nil stellte die Menschen auch vor schwierige Aufgaben:
- Auf die Überschwemmung musste man sich vorbereiten. Aber wie wusste man, **wann** sie kam?
- Wie sollte der einzelne Nilbauer nach der Flut wissen, **welches sein Feld** gewesen war?
- Wie konnte man **mit der Flut umgehen**? Blieb das **Wasser niedrig**, so drohten Dürre und Hunger. War das Wasser höher als normal, zerstörte es die Dörfer.

Die Ägypter bewältigen die Aufgaben

Die Ägypter haben **Lösungen** gefunden:
- Ägyptische Priester beobachteten die Sterne und entwickelten einen **Kalender**. Damit **berechneten** sie den **Beginn der Nilflut**.
- Die Menschen lernten, wie man **Ackerflächen vermessen** kann.
- Mit **Kanälen und Schöpfwerken** speicherte und verteilte man das Wasser. **Dämme** schützten vor den Fluten. Die Bauern brachten einen Teil der Ernte in **Vorratshäuser**.

Der Nil zwang so die Menschen, gemeinsam zu handeln.

Zusatz: Ägypten und der Nil heute

Schülerbuch Seite 162

Der Nil im alten Ägypten **bestimmte das Leben** der Bauern. Brachte der Nil in einem Jahr **zu wenig Wasser**, dann war die Bevölkerung von **Hungersnöten** bedroht. Brachte der Fluss **zu viel Wasser**, dann **überflutete** er auch **die Dörfer**. **Deshalb** bauten die Menschen **Kanäle** oder sie sammelten das Wasser in **Auffangbecken**. Immer wieder überlegten sich die Menschen in Ägypten: **Wie nutzt** man das Wasser des Nils noch **besser** und noch **länger**?

Schülerbuch Seite 162

Der Assuan-Staudamm

Heute endet jede Nilkreuzfahrt flussaufwärts an der **Staumauer bei Assuan**. Dieses Bauwerk wurde von 1960 bis 1971 gebaut. Die Staumauer sollte die jährliche Nilflut aufhalten. Das **Wasser sammelte** man **im Stausee** . So schickte man es **gleichmäßig verteilt in den Nil**. Heute kann man die Felder am Nil das ganze Jahr **bewässern**. Jetzt ernten die Bauern zwei-, dreimal im Jahr. Außerdem gibt es **keine Überschwemmungen** mehr.

Schülerbuch Seite 163

Kemal, ein ägyptischer **Bauer**, berichtet: „Seit vielen Generationen lebt meine Familie von der Landwirtschaft. Der Nil hat schon immer unser Leben bestimmt. **Seit dem Bau des Staudamms** hat sich für uns Bauern **einiges verändert**. Das **Nilwasser** wird jetzt in einem riesigen **Stausee aufgestaut**. Unterhalb des Stausees wird es dann gleichmäßig in den Nil geschickt: Das bringt uns viele **Vorteile**. Der Nil führt immer gleich viel Wasser: Wir brauchen also **keine Angst vor Überschwemmungen** zu haben. Seit dem Staudammbau können wir **mehr Felder bewässern**. Die Anbaufläche ist größer. Dadurch **verdiene ich besser** und meine Familie kann sich mehr leisten.

Aber der Staudammbau hatte auch **Nachteile**. Früher brachte der Nil mit der Überschwemmung den **Nilschlamm**: Er war sehr fruchtbar. Jetzt lagert er sich **im Stausee** ab. Darum müssen wir **teuren Kunstdünger** kaufen. Ägypten liegt in der Wüste. Hier ist es sehr heiß. Wenn wir die Felder bewässern, verdunstet viel Wasser. Im Wasser ist auch Salz gelöst. Das Salz bleibt im Boden und **versalzt unsere Felder**."

Alle dienen dem Pharao

Schülerbuch Seite 164

Wer regiert im alten Ägypten?

In Ägypten **regierten** Tausende Jahre lang **Könige und Königinnen**: die **Pharaos und Pharaoninnen**.
Von Wandmalereien und Inschriften kennen wir ihre Namen.
Sie hießen z. B. Tut-ench-Amun, Echnaton oder Ramses.
Nach dem Glauben der Ägypter war der **Pharao** kein normaler Mensch.
Er war der **Sohn des Sonnengottes „Re"** und herrschte im Auftrag der Götter.
Die Ägypter **verehrten** ihn **wie einen Gott**.

Zeichen der königlichen Macht

Der Pharao lebte in einem gut bewachten, prunkvollen **Palast**.
Bei solchen Empfängen saß der Pharao auf seinem **Thron**.
Auf dem Kopf trug er entweder eine **Krone** oder ein Kopftuch **mit** einer **Schlange** und einem **Geierkopf**.
Am Kinn trug er einen **geflochtenen Bart**.
Diesen Knebelbart durfte nur der König tragen.
In den Händen hielt er **Krummstab** und **Wedel**.
Diese Dinge sollten dem Pharao Kraft und Schutz verleihen.

Schülerbuch Seite 165

Beamte dienen dem Pharao

Im alten Ägypten, also etwa 1000 v. Chr., lebten etwa ein bis zwei Millionen Menschen.
Die **Bewohner**, das **Land**, der Nil und die Ernte **gehörten dem Pharao**.
Dieser hatte die **Pflicht**, alle **seine Untertanen** vor Kriegen und Hungersnöten **zu beschützen**.
Wichtige Entscheidungen traf der Pharao selbst.
Seine **Beamten** wachten darüber, ob seine Entscheidungen ausgeführt wurden.
Der höchste Beamte war der **Wesir**.
Er musste täglich dem Pharao berichten.

Ägypten war in Bezirke aufgeteilt.
In jedem Bezirk herrschte ein **Fürst**.
Er war Beamter.
Der Pharao setzte viele **Beamte** ein.
Die **Schreiber** zum Beispiel **überprüften** die Arbeit auf dem Feld sowie in den Werkstätten der Handwerker.
Sie **schrieben** alles genau **auf**.
Sie wussten, wie gut die Ernte war, was ein Handwerker herstellte und wie viele Abgaben jeder zu entrichten hatte.
Alle Beamten waren in der Bevölkerung sehr angesehen.

Bauern und Handwerker tragen den Staat

Die Menschen im alten Ägypten **teilten sich die Arbeit.**
So entstanden verschiedene **Berufsgruppen**.
Die meisten Menschen arbeiteten in der Landwirtschaft, als Handwerker oder Kaufleute.
Die **Bauern** sorgten für die Ernährung der Bevölkerung.
Die **Handwerker** stellten Geschirr, Stoffe, Schmuck oder Werkzeuge her.
Kaufleute reisten in die Nachbarländer und tauschten Stoffe, Getreide und Papyrus gegen Gold, Holz und Weihrauch ein.

Hieroglyphen und Papyrus

Schülerbuch Seite 166

Die Beamten im Reich des Pharao mussten die Ernten überwachen, die Einhaltung der Gesetze beaufsichtigen. Sie schrieben auch wichtige Ereignisse auf. So entwickelten sie um 3000 vor Christus eine **Schrift aus Bildern**, die **Hieroglyphen**.

Das Geheimnis der Hieroglyphen

Lange konnte niemand die **Papyrusrollen** oder **Inschriften in Grabkammern** entziffern. Vor 200 Jahren fand man im Nildelta einen schwarzen Stein. In diesem war ein **Text** in **drei verschiedenen Schriften** eingeritzt: in Hieroglyphen, in Griechisch und in einer weiteren Schrift. Der Franzose **Champollion** fand heraus, dass **alle drei Inschriften den gleichen Inhalt** hatten. So konnte er das Geheimnis der Hieroglyphen lüften.

Die Ägypter kannten keine Rechtschreibung. Sie **schrieben senkrecht oder waagrecht**. Namen der Pharaonen umrandete man mit einer **Kartusche**, die aussah wie ein Rahmen. Die Ägypter schrieben mit **Schilfrohr** sowie roter und schwarzer **Tusche** auf **Papyrus**, eine Art Papier.

Glaube und Totenkult

Schülerbuch Seite 168

Die Ägypter verehren viele Götter

Tag für Tag erlebten die Ägypter die **Kraft der Sonne**. Sie ließ Früchte auf den Feldern wachsen, ihre Hitze konnte aber auch den Tod bringen. Die Ägypter glaubten: Diese Kraft kommt vom **Sonnengott Re.** Sie bildeten ihn mit der Sonnenscheibe auf dem Kopf ab. Auch **im Wind**, **im Regen**, in **Erdbeben**, in Eigenschaften von **Tieren** – überall **sahen** die Ägypter **Götter wirken**. Die Ägypter verehrten viele verschiedene Götter. Viele Götter wurden mit dem **Körper eines Menschen** und dem **Kopf** oder **Körperteil eines Tieres** dargestellt. Dies sollte eine Eigenschaft des Gottes verdeutlichen.

Die **Tempelanlagen** waren aus Stein gebaut, denn sie sollten ewig halten. Tief im Inneren des Tempels wurde die **Statue der Gottheit** aufgestellt. Dort konnte der Gott wohnen. Nur ein **Priester** durfte diesen heiligen Ort besuchen. Eine gerade Straße führte vom Tempel zum Nil. Auf ihr wurde an Festtagen die Statue des Gottes zur Anlegestelle des **Heiligen Ruderschiffs** getragen. Die **Tempel** von **Luxor** oder **Abu Simbel zeigen** noch heute den **Götterglauben** der Ägypter.

Glauben an ein Weiterleben nach dem Tod

Für die Ägypter gehörten das **Leben in der Welt** und das **Leben im Reich der Toten** eng **zusammen**. Starb ein Mensch, so musste er nur von einem Leben ins andere **wechseln**. Allerdings waren dafür einige **Voraussetzungen** nötig. Nur **reiche Ägypter** konnten sich eine **aufwändige Bestattung** für die Wanderung in das Totenreich **leisten**.

Schülerbuch Seite 169

Einbalsamierung:
Für das Leben nach dem Tod musste der **Körper erhalten** bleiben.
Ausgebildete **Einbalsamierer** sorgten dafür:
Sie nahmen das **Gehirn** und die **Eingeweide heraus, reinigten** die leere Körperhülle mit Palmwein, füllten sie mit Gewürzen und Harz, **umwickelten** den Körper **mit Leinen**.
Die Mumie legte man in einen **Sarg**.
Der Sarg kam auf ein Schiff zur Überfahrt über den Nil.

Totengericht:
Auf den Toten wartete nun das **Totengericht**.
In der Vorstellung der Ägypter wog der **Gott Anubis** dabei das Herz des Toten.
Hatte dieser **kein ordentliches Leben** geführt, **vernichtete** der Totenfresser sein **Herz**.
Bestand er die Prüfung, nahm ihn der **Gott der Unterwelt Osiris** im Reich der Toten auf.

Grabbeigaben:
Das **Grab** wurde **wie ein Wohnhaus** mit Zimmern eingerichtet.
Wichtig waren die **Grabbeigaben**: Nahrung, Möbel, Waffen, Schmuck, Tiere.

Pyramiden – Häuser für die Ewigkeit

Schülerbuch Seite 170

Wozu wurden die Pyramiden gebaut?

Im alten Ägypten bauten die Menschen große **Pyramiden als Grabstätten**. Die Ägypter glaubten an ein Leben nach dem Tod. Das **Totenreich** vermuteten sie **im Westen** des Landes, weil dort der Sonnengott Re jeden Abend hinabsteigt. Alle **Gräber** befinden sich daher **am westlichen Nilufer**. Nur **Pharaoninnen und Pharaonen** durften sich eine **Pyramide** als Grabmal bauen.

Der **Pharao Cheops** gab folgenden Befehl: „Ich will mir ein riesiges Grabmal errichten, hoch und fest. **In dem Grabmal** will ich **weiterleben** bis in alle Ewigkeiten. Das Denkmal soll meinen **Ruhm zeigen** Jahrtausende lang.“

Die **Arbeiter** brachten die schweren **Steinblöcke** mit Schiffen über den Nil zur Baustelle. Die vier Seiten waren **nach den** vier **Himmelsrichtungen** ausgerichtet. Alleine für die Cheopspyramide brauchte man in **20 Jahren Millionen Steinblöcke**. Man vermutet: Etwa 1 000 **Facharbeiter** waren angestellt. Sie arbeiteten als **Maurer, Steinmetze, Zimmerleute** und **Kunsthandwerker**. Auch **Bauern** arbeiteten für ihren Pharao.

Schülerbuch Seite 171

Im Inneren der Cheops-Pyramide

In der Pyramide gibt es eine **Grabkammer**. In der Grabkammer stand der große **Sarg aus Stein**. Die **Gänge** der fertigen Pyramide waren sehr eng. Der Sarg hätte also nicht hindurch gepasst. Also müssen die Arbeiter ihn schon während des Baus in die Grabkammer gebracht haben. Die Grabkammer war mit **Wandbemalungen** geschmückt: Sie **lobten** die Taten des Pharao. Neben der Cheops-Pyramide steht ein **Sphinx**: Dieser Löwe aus Stein mit einem Menschenkopf **bewachte die Toten**.

Zusatz: Merkmale und Verbreitung der frühen Hochkulturen

Schülerbuch Seite 172

Als die Menschen mit der Arbeitsteilung begannen, entstanden **erste Hochkulturen**.
Ein besonders **günstiges** Gebiet dafür war das **Gebiet um die Flüsse Euphrat und Tigris**.
Es heißt auch **Fruchtbarer Halbmond**.

Eine **Hochkultur** war das **Reich der ägyptischen Pharaonen**.
Es entwickelte sich um **3000 vor Christus** und bestand sehr lange.
Merkmale dieser Hochkultur waren:
- die künstliche Bewässerung,
- die Erfindung des Kalenders,
- die Entwicklung von Vermessungstechniken,
- die Vorratswirtschaft,
- die Entwicklung von Schriftzeichen (Hieroglyphen) und schriftlich festgehaltenen Gesetzen,
- das Entstehen einer Verwaltung.

Die Menschen **glaubten an ein Leben nach dem Tod**.
Darum mussten alle Ägypter religiöse und gesellschaftliche **Gebote** einhalten.
Besonders die Pyramiden zeigen, dass die Menschen zu großen Planungen in der Lage waren.
Auch **technische und künstlerische Leistungen** vollbrachten sie.

Man weiß heute noch nicht: Musste die Bevölkerung wie Sklaven arbeiten? Wurde sie zur Arbeit gezwungen?

M1 Ägypten – Beispiel einer frühen Hochkultur

Schülerbuch Seite 172

Ein **Historiker** zu den **Lebensbedingungen** der ägyptischen Bauern:
„Sie wohnten in einstöckigen, **fensterlosen Hütten** mit **finsteren** Türöffnungen.
Drinnen befand sich meist nur ein kleiner Raum.
Das **Dach** war **zerbrechlich und niedrig**.
Man lebte direkt auf der festgestampften Erde.
Der Boden war **feucht** und ständig **verschmutzt**.
Nachts waren Männer, Frauen, Kinder und Vieh in der stickigen Hütte **zusammengedrängt**.
Es gab keine Möbel, keine Stühle und auch keine Betten."

Schülerbuch Seite 173

Zwangsarbeit im alten Ägypten?
Der **griechische Historiker Herodot** zum Bau der Pyramiden:
„König **Cheops zwang** das Volk, für ihn zu arbeiten.
Die Menschen mussten **Steine aus den Steinbrüchen** vom arabischen Gebirge bis zum Nil und weiter **schleppen**.
So leisteten je hunderttausend Menschen drei Monate lang **Zwangsarbeit**.
Die **Not des Volkes** dauerte zehn Jahre: zuerst beim Bau der Straße.
Dann noch einmal zehn Jahre für den Bau der Pyramide."

Von wegen Sklaverei – für Pyramiden-Bauer gab es Bier und Ehre
Ägyptische **Archäologen** haben jetzt Gräber gefunden.
Die Pyramiden wurden von **normalen Arbeitern** errichtet.
Sie schufteten, **weil** sie den Pharao **verehrten**.
Man **bezahlte** sie für ihre Arbeit.

Man **belohnte sie** mit einer letzten Ruhestätte an den großen Bauwerken.
In den Gräbern fanden sich einige Skelette.
Dabei lagen **Krüge**, die einmal **Bier und Brot** als Speise im Jenseits enthalten hatten."

7 Räumliches Orientierungswissen

Ein Staat mit 16 Bundesländern

Schülerbuch Seite 178

Berlin ist die **Hauptstadt** der **Bundesrepublik Deutschland**. In Deutschland leben etwas mehr als 80 Millionen Menschen. Die Bundesrepublik Deutschland besteht aus **16 Bundesländern**. Jedes Bundesland hat eine **Landeshauptstadt**, eine **Landesregierung** und ein eigenes Landeswappen. Die Bundesländer **Berlin, Hamburg** und **Bremen** bestehen jeweils nur aus der Stadt (zu Bremen gehört außerdem die Stadt Bremerhaven). Man bezeichnet sie daher auch als **Stadtstaaten**.

„... wir fahren nach Berlin!"

Schülerbuch Seite 180

Das war schon immer ein Traum der beiden Fußballfans Benny und Alex: Sie wollen zum Pokalfinale nach Berlin. Die Eltern von Benny und Alex haben beschlossen, mit ihren Söhnen **nach Berlin** zu fahren. Eine Bedingung haben sie aber gestellt. Um die **Planung** müssen sich die Jungen selbst **kümmern**.

Benny: „Mensch Alex, nach Berlin sind es ja fast 600 Kilometer!"
Alex: „**Mit dem Auto** wird das ganz schön dauern!"
Benny: „Stimmt, dafür kommen wir durch viele Bundesländer, die wir noch nicht kennen."
Alex: „Rechne mal aus, **was die Fahrt kosten** würde. Wir brauchen ungefähr 8 Liter Benzin Super pro 100 Kilometer."
Benny: „Warte, ich schaue mal **im Internet** nach, was ein **Flug** kostet. Vielleicht finden wir ja Billigflüge."
Alex: „Schau auch bei der **Bahn** nach, ob's Gruppentickets gibt."

M3 Benny und Alex: Ins Olympiastadion zum Pokalfinale

Schülerbuch Seite 181

Benny und Alex sind mit ihren Eltern in **Berlin** angekommen. Vor dem Spiel schauen sie sich einige **Sehenswürdigkeiten** der Hauptstadt an. Immer dabei ist der **Reiseführer** mit vielen Informationen über Berlin.

Berlin in Zahlen

Berlin ist die **größte Stadt Deutschlands**. Sie hat eine Ausdehnung von 45 Kilometern in West-Ost-Richtung und von 38 Kilometern in Nord-Süd-Richtung. Die Fläche Berlins entspricht der Fläche von Frankfurt, Stuttgart und München zusammen.

Politik

Zwischen 1945 und 1989 war Berlin **in einen West- und Ostteil getrennt**. Seit 1991 ist Berlin die Hauptstadt des vereinten Deutschland. **Bundeskanzlerin** oder Bundeskanzler, der **Bundespräsident** und die **Ministerinnen** und Minister haben ihren **Sitz in Berlin**. Im **Reichstagsgebäude** werden Gesetze beschlossen.

Verkehr

Berlin liegt **zentral in Europa.** Hier gibt es zwei **Flughäfen**, der neue Großflughafen BER Berlin Brandenburg ist im Aufbau. Der neue **Hauptbahnhof** ist einer der größten Europas. Fernzüge aus vielen Städten Europas halten hier täglich.

Tourismus

Jährlich kommen viele Millionen Besucher nach Berlin. Zahlreiche Museen, Theater- und Konzertveranstaltungen ziehen Besucher aus aller Welt an. Ein beliebtes Ziel ist das Brandenburger Tor, ein Wahrzeichen der Stadt. Auch der Potsdamer Platz ist ein Muss für Touristen. Er wurde ab 1990 neu gestaltet. Hier gibt es zahlreiche Einkaufsmöglichkeiten und Kinos.

M6 Aus einem Reiseführer

Ein Flug über Deutschland

Schülerbuch Seite 182

Stell dir vor, du fliegst über Deutschland. Du fliegst von Norden nach Süden. Wenn du aus dem Fenster schaust, siehst du unter dir Städte, Flüsse und Landschaften. Sie haben verschiedene **Oberflächenformen**: Es gibt **vier Großlandschaften** in Deutschland. Sie heißen **Tiefland**, **Mittelgebirge**, **Alpenvorland** und **Alpen**.

Schülerbuch Seite 183

Im Tiefland

Unser Flug startet **im nördlichsten Bundesland**. Das Tiefland liegt unter uns. Es erstreckt sich von der **Nord- und Ostsee bis zu den Mittelgebirgen**. Die Landschaft ist **flachwellig**. Die wenigen Hügel sind **bis 200 Meter hoch**. Große Gebiete liegen nur wenige Meter über dem Meeresspiegel. Das Tiefland wird überwiegend zum **Ackerbau** und zur **Grünlandwirtschaft** genutzt. Am Übergang vom Tiefland zum Mittelgebirge liegen die **Börden**. Diese Landschaften sind **besonders fruchtbar**. Die Küsten der Nord- und Ostsee sind beliebte **Urlaubsziele**. Große **Seehäfen**, zum Beispiel in Hamburg, sind für die Wirtschaft und die Versorgung wichtig. Täglich werden hier Hunderte Schiffe mit Waren be- oder entladen.

Schülerbuch Seite 184

Im Mittelgebirge

Die Mittelgebirge erstrecken sich **vom Harz und vom Weserbergland** über 400 Kilometer nach Süden **bis zur Donau**.
Die Mittelgebirge sind der größte Landschaftsraum Deutschlands.
Zahlreiche Höhenzüge haben **Höhen zwischen 500 und 1500 Meter**.
Zum Teil sind sie dicht **bewaldet**.
Dazwischen erstrecken sich weite **Täler**.
Sie sind in Millionen von Jahren **von Flüssen geformt**.
Einige der Flüsse münden in die Nordsee oder in die Ostsee.

Schülerbuch Seite 185

Im Alpenvorland und in den Alpen

Nun fliegen wir **über die Donau**.
Das **Alpenvorland** beginnt.
Es reicht bis zur natürlichen Südgrenze Deutschlands, den Alpen.
Es gibt **ebene Flächen** und waldbedeckte **Hügel**.
Es gibt auch zahlreiche **Seen**, zum Beispiel der Bodensee oder der Chiemsee.
Ganz in der Ferne sind bereits die Alpen zu erkennen.
Die **Alpen** sind ein **Hochgebirge**.
Nur ein kleiner Teil gehört zu Deutschland.
Dort liegt auch der höchste Berg Deutschlands: die Zugspitze mit 2962 Metern.
Das südliche Alpenvorland und die Alpen sind ein bedeutendes **Erholungs- und Feriengebiet**, im Sommer und im Winter.
Viele Menschen in diesem Naturraum leben vom **Tourismus**.

Die Teilräume Europas

Schülerbuch Seite 189

Europa wächst zusammen

Die **Flagge der Europäischen Union** (EU) zeigt **12 Sterne** auf blauem Hintergrund.
Sie stellt die **Einheit der Völker Europas** dar.
Die EU besteht aus **28 Staaten**.
Durch diesen Zusammenschluss soll es **keine Kriege** mehr zwischen den Ländern geben.
Die **Wirtschaft** der Länder sollte davon Vorteile haben.
Millionen Menschen reisen in der EU **ohne Grenzkontrolle**.
Sie können ihren **Wohnsitz und Arbeitsplatz** innerhalb der EU wechseln.
In vielen Staaten der EU zahlt man mit der gemeinsamen **Währung**, dem **Euro**.

Europa – ein reich gegliederter Kontinent

Schülerbuch Seite 190

Die Großlandschaften in Europa

Der **Kontinent Europa** hat eine abwechslungsreiche Form.
Besonders sind die zahlreichen Inseln und Halbinseln.

Wie in Deutschland gibt es auch in Europa **Oberflächenformen**.
Von der französischen Atlantikküste bis nach Russland erstreckt sich das **mittel- und osteuropäische Tiefland**.
Im Süden schließt sich eine **Mittelgebirgszone** an.
Weiter südlich folgt die **Hochgebirge** Pyrenäen, Alpen und Karpaten.
Das **Gebiet um das Mittelmeer** stellt eine weitere europäische Großlandschaft dar.

Die Grenzen Europas

Europa wird von **drei Meeren** eingegrenzt: vom **Atlantischen Ozean**, vom Europäischen **Nordmeer** und vom **Mittelmeer**.
Als **Grenze im Osten** gilt folgende gedachte Linie:
Uralgebirge – Uralfluss – Kaspisches Meer – Schwarzes Meer – **Bosporus**.

Der Frankfurter Flughafen – Tor zur Welt

Schülerbuch Seite 192

Der Frankfurter Flughafen ist der **drittgrößte Flughafen in Europa**.
Viele **Millionen Fluggäste** kommen an und fliegen von hier ab.
Alle 45 Sekunden hebt eine Maschine ab oder kommt eine Maschine an.
Für einen geregelten Ablauf **arbeiten Tausende Menschen** für den Flughafen.
Die Mitarbeiter sorgen dafür, dass Millionen **Gepäckstücke ins richtige Flugzeug** gelangen oder nach der Landung schnell wieder bei ihren Besitzern sind.
Der Frankfurter Flughafen ist auch **sehr wichtig für** den **Transport von Luftfracht**.

Da immer mehr Fluggäste den Flughafen nutzen, **soll** er in den kommenden Jahren **größer werden**.
Wegen dieses geplanten Ausbaus **beschweren sich** viele **Bewohner** rund um den Flughafen.
Sie leiden jetzt schon unter **Lärm** und schädlichen **Abgasen**.

Schülerbuch Seite 193

Der Flughafen besitzt einen eigenen **ICE-Bahnhof**, einen **S-Bahn-Anschluss** und eine eigene **Autobahnzufahrt**.
Man **erreicht** den Flughafen **mit verschiedenen Verkehrsmitteln**.
Das ist ein großer **Vorteil**.
Frankfurt liegt günstig in Deutschland.
Am **Verkehrsknotenpunkt** Frankfurt treffen **Autobahnen** aus allen Himmelsrichtungen sowie zahlreiche **Eisenbahnlinien** aufeinander.

Urlaubsziele am Mittelmeer

Schülerbuch Seite 195

Zusatz

Der **Ölbaum** ist ein typischer **Baum des Mittelmeerraums.**

Dort haben sich die Pflanzen **den hohen Temperaturen** und der **Trockenheit angepasst**.

Viele Pflanzen haben dicke und harte Blätter, die mit einer Wachsschicht überzogen sind.

Das schützt sie vor Austrocknung.

Die Früchte des Ölbaums, die **Oliven**, verarbeitet man zum größten Teil **zu Speiseöl**.

Weltweit kommt der größte Teil der Oliven aus den Mittelmeerländern.

Der Ölbaum **wächst** nur **langsam** und kann über tausend Jahre alt werden.

Hohe Temperaturen machen ihm nichts aus und er geht sehr **genügsam mit Wasser** um.

In der Antike verehrten die Menschen den Ölbaum.

Die Siegern bei den Olympischen Spielen bekamen als Preis einen Kranz aus Ölbaumzweigen.

Methode: Urlaubsplanung im Internet

Schülerbuch Seite 196

Es gibt verschiedene **Möglichkeiten, sich** über ein Thema zu **informieren**.

Ihr könnt in eurem **Schulbuch**, einem **Lexikon** oder auch im **Internet** nachlesen.

Ihr wollt einen Urlaub oder eine Klassenfahrt planen?

Mit dem Internet findet ihr wichtige Informationen **über einen Ort** heraus.

Eine Möglichkeit im Internet: Ihr gebt einen Begriff bei einer Suchmaschine (z.B. Google) ein.

Internetseite: **www.googlemaps.com**

Auf dieser Internetseite könnt ihr euch **Fahrtrouten** mit Entfernungen **berechnen** lassen.

Auf einem Satellitenbild könnt ihr euch **über Sehenswürdigkeiten** in einer Region **informieren**.

Ihr könnt so zum Beispiel herausfinden, wie weit es von der Jugendherberge zum Strand ist.

Schülerbuch Seite 197

Arbeiten mit Google maps

1. Nach einem Ort suchen
Gib auf der Seite www.googlemaps.com den **Namen des Ortes** ein, nach dem du suchst.
Du kannst zusätzlich noch eine **Straße** angeben.

2. Darstellung auswählen
Die **Darstellung „Karte"** zeigt dir die Straßennamen an.
Die **Kartenart „Satellit"** zeigt dir ein Satellitenbild, auf dem du mehr Details erkennst.

3. Zoomfunktion nutzen
Um d**as Ziel größer** zu sehen oder um den **Kartenmaßstab zu verkleinern**, klickst du auf die Zeichen „+" oder „–".

4. Entfernungen berechnen
Wähle den Unterpunkt „**Route berechnen**" an.
Hier findest du die **Entfernungen zwischen zwei Orten** heraus.
Als Erstes musst du eingeben, von wo aus die Reise startet (A).
Als Nächstes gibst du dein Ziel ein (B).
Das Programm zeigt auf der Karte nun die **Route**, die **Entfernung** und die ungefähre **Fahrzeit** an.

Mallorca – ein beliebtes Urlaubsziel der Deutschen

Schülerbuch Seite 198

Im Jahr **1903** wurde das erste Hotel auf Mallorca eröffnet. In dieser Zeit kamen hauptsächlich **Urlauber vom spanischen Festland** auf die Insel. Die **Fahrt mit dem Schiff dauerte** damals noch viel länger als heute. In den folgenden Jahren besuchten **immer mehr Touristen** Mallorca. Man baute einen **Flughafen** in der Nähe der Stadt Palma. Seit Ende der 1990er-Jahre ist Mallorca das **Touristenziel Nummer eins in Europa**. 2012 besuchten mehr als 10 Millionen Touristen die Insel.

Es gibt viele Gründe, warum die Insel so **beliebt** ist. So benötigt man mit dem Flugzeug von Deutschland **nur zweieinhalb Flugstunden** in die Sonne Mallorcas. Zudem ist **Palma** eine **belebte Stadt**. Entlang der Küste bei Palma finden die Touristen auf nur sechs Kilometern Strandlänge 250 **Hotels**. Viele Touristen kommen, um **Party** zu feiern. Aber es gibt auch zahlreiche **Museen und Sehenswürdigkeiten** wie die Kathedrale La Seu.

Schülerbuch Seite 199

Viele Menschen kommen, um Mallorca bei einer **Wanderung** in einem der **Landschaftsschutzgebiete** kennen zu lernen. Sie **achten auf die Natur**, benutzen ausgewiesene Wanderwege und vermeiden Müll. Diese Form des Tourismus heißt **sanfter Tourismus**. Auf Mallorca gibt es 180 **Strände**. Vergleicht man die **Klimadaten Mallorcas** mit denen von Sylt, wird deutlich, welche Vorteile die Insel Urlaubern bietet.

Folgen des Massentourismus

Schülerbuch Seite 200

In vielen **Gebieten am Mittelmeer** hat sich das **Leben** der Menschen sehr **verändert**.
Vor 50 Jahren lebten sie vom **Fischfang** oder von der **Landwirtschaft**.
Sie wohnten in **kleinen Dörfern**.
Heute findet man dort **viele Ferienorte** mit großen **Hotelanlagen**.
Die Fischer und Landarbeiter arbeiten nun als **Bauarbeiter** und **Hotelangestellte**.
So **verdienen** sie **mehr**.
Die Bauern aus den Dörfern können ihre Produkte an die Touristen verkaufen.
Aber der **Massentourismus** hat **auch Nachteile** für Natur und Menschen.

Bauarbeiter Fernando: „Ich habe **viel zu tun**, weil viele neue Hotels entstehen.
Aber die Preise für Grundstücke sind sehr hoch.
Darum kann ich mir **kein Haus leisten**.
Ich muss wohl mit meiner Familie aufs Land ziehen."

Bauer Raul: „Wir bauen Obst und Gemüse an.
Wir haben viel Sonne hier, das ist gut für die Pflanzen.
Aber es regnet kaum.
Darum müssen wir die **Felder bewässern**.
Die **Hotels verbrauchen** aber **viel Wasser**.
So wird unser **Wasser knapp**, die Felder trocknen aus."

Fischer Carlos: „Früher war es bei uns ruhig und beschaulich.
Doch heute gibt es viel **Lärm, Autoabgase und Müll**!"

Hotelbesitzerin Antonia Gonzales: „Mein Hotel ist die ganze Saison ausgebucht, weil so viele Touristen kommen.
So kann ich viele **Einheimische im Hotel beschäftigen**."

Urlauberin: „Hier in Palma wird sehr viel geboten.
Hier gibt es ein riesiges Angebot an **Freizeitmöglichkeiten**.
Es wird nie langweilig und oft scheint auch noch die **Sonne**!"

Schülerbuch Seite 200

Massentourismus ist eine **Form des Reisens**, die es **vielen Menschen ermöglicht**, **Urlaub** zu machen.
Merkmale sind:

- **preisgünstige** Pauschalreisen: Ein **Reiseveranstalter plant** Anreise, Unterkunft und Verpflegung. Die Kosten fasst er zu einem Preis zusammen.
- Es gibt nur **wenige Reiseziele**. Dort treten die Touristen „in Massen" auf.
- Das **Angebot** wird **an die** Ess- und Lebensgewohnheiten der **Gäste angepasst**.

M1 Was ist Massentourismus?

Die Idee des „sanften Tourismus"

Schülerbuch Seite 201

Das **Dorf Finestrat** liegt an der spanischen Mittelmeerküste. Jährlich verbringen hier **viele Touristen** ihren Urlaub. Das Dorf hat es geschafft, sich nicht zu sehr zu verändern. Das **typische Aussehen mit den alten Häusern** ist erhalten. Es gibt keine großen Hotels. Es gibt nicht das allgemeine touristische Angebot: keine Vergnügungsmöglichkeiten, keine Restaurants und keine Einkaufsgelegenheiten. Für die Urlauber gibt es **Ruhe und Erholung**. Im Angebot sind: Führungen zu **Ausgrabungsstätten**, **Bergwandern**, **Schwimmen** oder Paragliding. Auch **traditionelles Handwerk** wird den Gästen näher gebracht. Der Urlauber bekommt so einen Einblick in die **spanische Kultur und Lebensweise**.

Schülerbuch Seite 201

umweltverträglich:
- Naturnahe **Landschaft**, Pflanzen und Tieren bleiben **geschützt.**
- Man **vermeidet Umweltverschmutzung**
- Man vermeidet lange Transportwege, z. B. wenn man **heimische Produkte nutzt**.
- Man nutzt **umweltverträgliche Verkehrsmittel**.

sozialverträglich:
- Die **Einheimischen** sind **nicht gestört** in ihrer Kultur und Lebensweise.
- gegenseitiges **Verständnis** zwischen Einwohnern und Gästen
- Die Einwohner bekommen **Arbeitsstellen**, z. B. wenn Unternehmen vor Ort zusammenarbeiten.

Ein **Nachteil für den Urlauber**: Der sanfte Tourismus ist meistens **teurer**.

M2 Merkmale des sanften Tourismus

Methode: Wir erstellen eine Collage und eine Länderbox

Schülerbuch Seite 202

Du arbeitest im Unterricht mit Bildern: Du beschreibst sie und wertest sie aus.
Man kann auch aus Bildern etwas gestalten, z. B. mit einer Collage oder einer Länderbox.
Eine **Collage** entsteht **aus vielen Einzelbildern**, sie ist ein ganz neues Bild.
Für die **Länderbox** sammelst du **Bilder**, zeichnest eine **Skizze** und verwendest verschiedene **Gegenstände**.

So erstellst du eine Collage

1. **Entscheide** dich für ein **Thema**. Dies kann z. B. das Thema Massentourismus, Mittelmeerraum oder Großbritannien sein.
2. **Sammle Bilder** aus Reisekatalogen und Prospekten oder von eigenen Urlaubsreisen.
   Du kannst auch selbst Bilder zeichnen.
3. **Stelle** die einzelnen **Bilder** oder Teile davon nun z**u einem neuen Bild zusammen**.

So gestaltest du eine Länderbox

1. Besorge dir eine **Box aus Karton**, z. B. einen Schuhkarton.
2. **Wähle ein Land** aus, das du darstellen möchtest.
   Zeichne eine **Skizze** des Landes.
   Sie kommt in die Innenseite des Deckels.
3. **Gestalte** die Box mit **Farben**, z. B. mit Farben, die auch in der Flagge des Landes vorkommen.
4. Auf den Deckel kannst du die **Landesflagge** malen oder kleben.
5. Du wählst **Dinge** aus, die **typisch für das Land** sind.
   Damit füllst du deine Länderbox.
6. **Stelle** schließlich deine Box **der Klasse vor**.
   Erkläre, was die Gegenstände mit dem Land zu tun haben.

8 Nachhaltig leben

Unser Abfallberg

Schülerbuch Seite 206

Wie viel Müll produzieren wir?
Im Jahr 2011 produzierte jeder hessische Einwohner im Durchschnitt 476 Kilogramm Abfall.

Schülerbuch Seite 207

Felix hat sich mit seinen Eltern darauf geeinigt, dass er den Job **Müll-Entsorger in der Familie** übernimmt.
Der **Zeitungsstapel** kommt in den **Papiercontainer**.
Als Nächstes holt er den Müllbeutel aus der Küche.
Außerdem steht da ein **Beutel mit Essensresten**.
„Wo soll der denn rein?“, fragt er seinen Vater.
„Ach, wirf den doch einfach in den Müll!“
Aber Felix erinnert sich, dass sie in der Schule über das Thema **Kompost** gesprochen haben.
Daraus stellt man **wertvolle Gartenerde** her.
„Essensreste gehören in die **Biotonne**“, ist sich Felix sicher.

Einige **Jugendliche sammeln** alte **Zeitungen**.
Dafür bekommen sie Geld.
Manchmal streiten sich sogar verschiedene **Firmen** darüber, welche den **Papiermüll einsammeln** darf.
Denn das ist ein lohnendes **Geschäft**.

Felix war mit seinem Vater auf dem städtischen **Wertstoffhof**: Dort haben sie den alten Fernseher hingebracht.
Vom Wertstoffhof transportiert man den Müll weiter.
Dann **verwertet** man **den Müll neu**.
Müll ist also oft ein **wertvoller Rohstoff**.

Schülerbuch Seite 209

Abfallsortierung – richtig gemacht:
Wir Verbraucher nutzen die **Graue oder Schwarze Tonne** für den Restmüll.
Die **Blaue Tonne** ist für Papier und Pappe.
Es gibt auch **Braune oder Grüne Tonnen** für den Biomüll.
Für leere Verpackungen sind **Gelbe Säcke** oder Gelbe Tonnen da.
Andere Abfälle, z. B. Glas, geben wir in die großen **runden Container**.
Sehr großen Müll lassen wir als **Sperrmüll** abholen.
Für Chemikalien, Farben und Lacke ist das **Schadstoffmobil** da.

Hersteller:
Aus dem Abfall gewinnt man **Rohstoffe und Wertstoffe**.
Die Hersteller kaufen diese Rohstoffe und Wertstoffe.
Sie machen daraus **neue Produkte**.

Handel:
Der Handel bietet diese Produkte zum **Verkauf** an.
Wenn wir wollen, **kaufen und verbrauchen** wir sie.

Der Kreis hat sich geschlossen.
Der Umlauf beginnt von Neuem.

M5 Der Müllkreislauf

Entsorgen will gelernt sein

Schülerbuch Seite 210

Felix fragt seinen Vater: „Warum kommt der Müll nicht in ein riesiges Loch, das man dann abdeckt?"
Sein Vater erklärt ihm: „Dann gelangen viele **Giftstoffe ins Grundwasser**.
Heute gibt es **fast keine Mülldeponien** mehr bei uns.
Früher entsorgte man sogar **Problemmüll** auf den **Müllkippen**.
Giftige Abwässer hat man in die Flüsse geleitet.
Giftmüll hat man manchmal **in andere Länder** transportiert.
Das ist billiger, als den Müll umweltgerecht zu entsorgen.

Schülerbuch Seite 210 (Fortsetzung)

Müllentsorgung hat etwas mit Politik zu tun.
Die **Politik gibt Regeln** vor:
- **was in die Flüsse** geleitet werden darf,
- welche Abfälle **als Sondermüll verbrannt** werden müssen,
- was **in die Kläranlage** gelangen darf und was nicht,
- welche **Rohstoffe** wir wieder **aus dem Müll machen** können.

Mülltrennung und Müllverwertung sind ein Geschäft.
Damit verdienen Firmen viel Geld."
Felix weiß jetzt, dass **Mülltrennung wichtig** ist.
Man muss **aufpassen**, welcher **Müll in welche Tonne** gehört.

Abfalltrennung – Was darf nicht in die Tonne?

Problemmüll: **Schadstoffhaltige** Abfälle müssen extra gesammelt werden.
Wertstoffhöfe nehmen begrenzte Mengen kostenfrei an.
Zum Problemmüll gehören z. B.:
- Altöl
- Batterien, Akkus
- Chemikalien
- Elektrogeräte, z. B. Fernseher, PC, Kühlschrank
- Energiesparlampen, Leuchtstoffröhren
- Lacke
- Spraydosen mit Inhalt
- Bauschutt: Beton, Ziegel, Fliesen, Steine, Keramik, Erdaushub gehören nicht in die Tonne.
  Bauschutt zerkleinert man und verwertet man z. B. im Straßenbau wieder.

M3 Was darf nicht in die Tonne?

Was aus Müll alles werden kann – Recycling

Schülerbuch Seite 212

Gebrauchsgegenstände sind nur für eine gewisse Zeit haltbar.
Früher sind die Menschen **sorgsam** mit den Gebrauchsgegenständen umgegangen.
Möbel zum Beispiel waren stabil gebaut.
Geschirr hat man weitervererbt.
Die Produkte waren früher viel teurer.
Heute stellt man **Produkte in Massen** her.
Darum sind viele Produkte **billiger** als früher.
Viele Geräte halten nicht mehr lange, sie **gehen schnell kaputt**.
Nach dem Gebrauch wirft man die Gegenstände auf den Müll.
Das machen die meisten Menschen in unserer Gesellschaft.
Darum nennt man sie auch **Wegwerfgesellschaft**.

Heute verwertet man den Müll wieder.
Wenn man ein Produkt herstellt, braucht man Rohstoffe.
Das Produkt geht irgendwann kaputt und kommt in den Müll.
Die Rohstoffe aus dem Müll verwendet man wieder.
Aus Altem wird Neues.
Man geht mit den Rohstoffen nachhaltig um.
Man nennt diesen Vorgang **Recycling**.
Das bedeutet:

- die Umwelt zu schonen,
- sparsam mit knappen Rohstoffen umzugehen,
- Müll zu vermeiden und
- Rohstoffe wiederzuverwenden.

Bei der Papierherstellung aus Altpapier wird z. B. viel **Wasser und Energie gespart**.

Schülerbuch Seite 213

In der Europäischen Union soll man **Elektroschrott einsammeln** und **wiederverwerten**.
Händler ab einer bestimmten Verkaufsfläche müssen kleine Geräte zurücknehmen.
Der Grund dafür ist: Die **Rohstoffe** werden **immer weniger**.
Darum ist es wichtig, die Materialien in den alten Geräten zurückzugewinnen.
Der Handel kann mithelfen, dass die Menschen **weniger Geräte in den Müll werfen**.

M6 Rücknahmepflicht bei Elektroschrott?

Zusatz: Altpapier – ein umkämpfter Rohstoff

Schülerbuch Seite 214

Im Durchschnitt verbraucht jeder von uns fast 250 kg Papier, Pappe und Karton im Jahr.
Altpapierverwertung hilft, weniger Holz zu verbrauchen.
Auch spart man hohe Kosten für den Transport und Energie.
Bei uns stellt man schon viel Papier aus Altpapier her.
Damit schützen wir die Umwelt.

Recyclingpapier ist umweltfreundlich, weil für seine Herstellung weniger Holz benötigt wird.
Auch andere Rohstoffe sparen wir bei der Herstellung ein.
Du sparst z.B. Holz, Energie, CO_2 und Wasser.
Wenn wir Recyclingpapier verwenden, sparen wir Ressourcen und Treibhausgase.
Denn auch in Deutschland verbrauchen die Menschen sehr viel Papier.

M2 Warum Recycling-Papier?

Methode: Eine Umfrage durchführen: Wie lässt sich Müll vermeiden?

Schülerbuch Seite 216/217

Die 6. Klasse einer Gesamtschule will genauer untersuchen, wo überflüssiger Müll entsteht.
Deshalb plant die Klasse eine Umfrage.
Bei einer Umfrage befragt man jeweils eine Person.
Man sollte viel Personen nacheinander befragen, so bekommt man viele Informationen.

Welche Fragestellung/welches Thema wollen wir untersuchen?
Die Klasse **entscheidet** sich für ein bestimmtes **Thema** , z. B. Verwendung von überflüssigen Plastiktüten, Einsatz von Energiesparlampen im Haushalt, Konsum von Wegwerfprodukten.

Wie gehen wir dabei vor?
Die Klasse legt fest, **wie** sie **die Recherchen durchführen** will.
Es gibt zahlreiche Vorschläge: Soll man alle Glühbirnen im Haushalt zählen und soll man dann erfassen, wie viele davon Energiesparlampen sind?
Oder soll man eine Woche lang zählen, wie viele Plastiktüten man im Haushalt genutzt hat?

Wie dokumentieren wir unsere Ergebnisse?
Die Schüler überlegen gemeinsam, wie sie die **Ergebnisse zeigen** werden.

Ergebnisse und Handlungsempfehlungen anderen mitteilen
Zum Schluss klärt die Klasse, **wie** sie ihre **Ergebnisse** anderen Menschen, z. B. Mitschülern, **mitteilen** will.
Die Schüler einigen sich, ihre Ergebnisse **auf einem gemeinsamen Plakat** zu zeigen.

Tipps zur Präsentation eines Plakates:
- **Schlagzeilen** machen die Betrachter neugierig
- für eine **übersichtliche** Gestaltung des Plakates sorgen
- **wenige Informationen** auf das Plakat
- eine **große Schrift** verwenden
- ein passendes **Bild** finden

Essen im Müll – die große Verschwendung

Schülerbuch Seite 218

Allein in Europa und in Amerika **werfen** die Menschen jedes Jahr eine große Menge an **Nahrungsmittel weg**.
Das ist fast die Hälfte der dort hergestellten Lebensmittel.
Die weggeworfenen Nahrungsmittel **würden ausreichen**, um alle **Hungernden** auf der Erde **zu versorgen**.
In den **Industrieländern** gibt es ein **riesiges Angebot an Lebensmitteln**.
Und es gibt eine geschickte **Werbung**.
Viele **Menschen kaufen** darum **zu viel Nahrung** ein.

Wenn Elektromüll auf Reisen geht: Unser Giftmüll und die Kinder in Accra

Schülerbuch Seite 220

Was passiert mit dem kaputten Computer, den Bildschirmen, dem veralteten Handy?
Sie landen auf Flohmärkten, bei ebay oder auf dem Wertstoffhof.
Diese **Geräte** enthalten viele **Giftstoffe**, aber auch **wertvolle Materialien** wie Gold, Silber, Kupfer und Seltene Erden.
Das macht sie zugleich gefährlich und interessant.
Viele **Geräte** werden **als Second-Hand-Ware** ausgegeben und **in Entwicklungsländer** verschifft.
Dadurch **spart** man teure **Kosten für die Entsorgung**.

Plastikmüll zerstört die Meere

Schülerbuch Seite 222

Forscher untersuchten einen **Pottwal**, der an der spanischen Küste gestrandet war.
Dabei entdeckten sie **in seinem Körper** viele Kilogramm **Plastikteile**: z. B. Folien, Eiswürfelformen und Kleiderbügel.
So wie dieser Wal **sterben** jährlich **Millionen Seevögel, Delfine** und Schildkröten.
Der **Müll** gelangt auf unterschiedliche Weise **ins Meer.**
In vielen **Millionenstädte** gibt es **keine Müllentsorgung.**
Darum kippt man riesige Müllmengen einfach ins Meer.
Zudem hinterlassen Touristen an den Stränden **Plastiktüten und Plastikflaschen**, die dann **ins Meer gespült** werden.
Auch manche **Schiffe entsorgen** ihren Müll **gegen das Gesetz** im Meer.
Auf den Meeren schwimmen große Mengen Müll.
Der größte Teil davon ist aus **Plastik.**
Die Plastikteile werden mit der Zeit immer kleiner.
So ist es möglich, dass sie **in unsere Nahrung** gelangen.
Im Pazifik gibt es einen **Plastikstrudel: Er ist so groß wie** Mitteleuropa.

Ohne Wasser kein Leben

Schülerbuch Seite 224

Ohne Wasser ist unser **Leben nicht denkbar.**
Es zählt zu unseren wichtigen **Lebensmitteln.**
Wasser ist ein **kostbares Gut.**
Bei uns **in Deutschland** und in den meisten Ländern auf der Nordhalbkugel gibt es **genügend Wasser.**
Wir nutzen es zum Trinken, Waschen, Duschen, zur Toilettenspülung und Vielem mehr.
Wasser ist **aber nicht immer und überall** verfügbar.
In **vielen Teilen der Welt** gibt es **Wassermangel.**
In Afrika, Asien und in Lateinamerika haben viele Menschen **kaum oder gar kein sauberes Trinkwasser.**
Die Armensiedlungen in Millionenstädten haben kein Wasser aus Rohren.
Die **Staaten mit Wassermangel** haben **Probleme,** sich wirtschaftlich und sozial weiter gut zu entwickeln.

Schülerbuch Seite 225

Wofür wird das Trinkwasser verwendet?

Jeder Einzelne von uns **verbraucht** pro Tag 128 Liter Wasser.
Nach Gebrauch verwandelt sich das **Trinkwasser zu Abwasser**.
Vor allem die **Industrie** und die **Kraftwerke** verbrauchen große Mengen an Wasser.
Weltweit ist die **Landwirtschaft** der größte Wasserverbraucher.
Auch bei der **Herstellung von Fleisch** braucht man viel Wasser.
So braucht man für die Herstellung von einem Kilogramm Rindfleisch etwa 15400 Liter Wasser, für Schweinefleisch 6000 Liter und für Hühnerfleisch 4300 Liter.

Vom Meer bis zum Wasserhahn

Schülerbuch Seite 226

Der Kreislauf des Wassers

In der Natur bewegt sich das Wasser in einem ständigen **Kreislauf**.
Die Sonne strahlt auf Meere, Flüsse und Seen.
Durch die **Sonneneinstrahlung** verdunstet das Wasser.
Es steigt als **Wasserdampf** auf und bildet **Wolken**.
Als Niederschlag kehrt es schließlich als Regen, Hagel oder Schnee **zur Erde zurück**.
In den Polargebieten und in den Hochgebirgen gefriert das Wasser.
Es wird **als Eis gespeichert** und nur verzögert wieder freigegeben.
Das andere Wasser **sammelt** sich **in Bächen und Flüssen** und setzt seine Reise **Richtung Meer** fort.
Ein weiterer Teil **versickert im Boden** und bildet dort das **Grundwasser**.

Schülerbuch Seite 227

Trinkwasser – Lebensmittel Nummer eins

Der **Anteil des Süßwassers** an der gesamten Wassermenge **auf der Erde** ist **gering**.
Er beträgt nur knapp **drei Prozent**, das meiste Wasser ist Salzwasser, mehr als 97 Prozent.
Von der Menge her reicht das Süßwasser für alle Menschen.
Aber es ist **nicht gleichmäßig** auf der Erde **verteilt**.

Täglich trinken wir Leitungswasser.
Doch **wie sauber** ist unser **Trinkwasser** eigentlich?
Wir bekommen das meiste von unserem Trinkwasser aus dem **Grundwasser**.
Es hat in der Regel die beste Qualität.
Dieses Wasser reicht aber für den **hohen Verbrauch** der Industrie, Landwirtschaft und der privaten Haushalte nicht aus.
Daher wird zusätzlich **Oberflächenwasser in Stauseen** gesammelt.
Auch **unterirdische Wasser** fördert man, z. B. durch einen **Brunnen**.
Das Süßwasser kommt aber nicht direkt zu uns nach Hause.
Es wird zuerst **zum Wasserwerk** geleitet.
Man **reinigt** dort das Wasser, z. B. von Kohlensäure.
Es gibt regelmäßige Wasserproben und **strenge Vorschriften**.
So ist **sicher**: Das Wasser hat eine hohe Qualität und **keimfrei**.

Durch die **Nutzung** wird das Trinkwasser verunreinigt.
Das **Abwasser** reinigt man erst in einer **Kläranlage**.
Dann **leitet** man es **zurück in einen Fluss** oder in einen See.

Wasser im Einkaufskorb?

Schülerbuch Seite 228

Wenn man **Produkte herstellt**, **braucht** man viel **Wasser**.
Es gibt also neben dem **sichtbaren Verbrauch** von Wasser immer auch einen **versteckten**.
Dies gilt für alle Waren, die wir täglich brauchen – und zwar vom **Apfel** über den **Mikrochip** bis zur Tasse **Kaffee**.

Virtuelles Wasser – was ist das?
Virtuelles Wasser ist kein Trinkwasser oder Wasser aus der Leitung.
Virtuelles Wasser ist Wasser, das man zur Herstellung eines bestimmten Produktes verbraucht.
Das heißt: Man braucht und verschmutzt Wasser, wenn man Kleidung oder Nahrung herstellt.
Bei der Herstellung einer Jeans verbraucht man sogar 11 000 Liter Wasser.
Der größte Teil davon fällt bei der Bewässerung der Baumwollpflanzen an.

Schülerbuch Seite 229

Deutschland – ein Wüstenstaat?
Deutschland **verbraucht** viel **mehr Wasser**, **als** bei uns **Niederschlag fällt**.
Alles Wasser benötigen wir für den Gemüseanbau, für nachwachsende Rohstoffe und für Getreide.
Es würde trotzdem nicht reichen.
In Deutschland leben sehr viele Menschen, die alle Wasser verbrauchen.
Das Land kann sich aber viele Naturschutzgebiete, Wälder und Badeseen leisten.
Das hat einen Grund: Wir **bekommen Wasser aus dem Ausland** geliefert.

Flaschenwasser – der große Schmu?

Schülerbuch Seite 230

Immer mehr Menschen kaufen **Wasser**, das **in Flaschen** abgefüllt ist.
Die Hersteller sagen: Das Wasser ist natürlich rein.
Hochwertiges Mineralwasser kommt meist aus dem **Gebirge** oder aus Quellen, die tief im Erdreich sitzen.
Entsprechend rein ist das Wasser.
Einige Mineralwasser haben **viele Mineralstoffe**.
Magnesium und Calcium zum Beispiel sind wichtig für unseren Körper.
Leitungswasser ist bei uns im Haushalt leicht **verfügbar**.
Zudem **kostet** ein Liter **Mineralwasser viel mehr** als ein Liter Leitungswasser.
Untersuchungen beweisen: Die **Qualität von Flaschenwasser** ist manchmal sogar **schlechter** als die von Leitungswasser.
Trotzdem kaufen viele Menschen das Wasser aus der **Plastikflasche**.
Dabei sollte man wissen: Die Bezeichnung „Tafelwasser“ bedeutet Leitungswasser mit Kohlensäure.
Es wird viel teurer als Leitungswasser aus dem Wasserhahn verkauft.

Schülerbuch Seite 231

Flaschenwasser und Umweltschutz

Das Magazin Ökotest hat **Mineralwässer** genauer **untersucht**.
In einigen hat man **Keime und Stoffe** nachgewiesen, die **gefährlich** für die Gesundheit sind.
Die Verbraucherschützer kommen in dem Test zum Urteil: **Flaschenwasser** hat gegenüber Leitungswasser **keine Vorteile.**
Man verkauft Mineralwasser oft in **Plastikflaschen**.
Die Flaschen geben **Schadstoffe ins Wasser** ab.
Auch der **Plastikmüll** ist ein Problem.
Das **Trinken von Leitungswasser** ist **umweltfreundlich**.
Denn man muss keine Kunststoffverpackungen herstellen und es gibt keinen Transport mit dem Lkw.

Methode: Grafiken auswerten

Schülerbuch Seite 232

Grafiken geben uns **Informationen**: Die Zahlen in den Grafiken sind nach einem Thema **gesammelt und geordnet**. Diagramme sind eine besondere Form von Grafiken. Die Größenverhältnisse lassen sich als Diagramm zeichnerisch gut darstellen. So lassen sich die Sachverhalte leichter verstehen. Man muss bei Diagrammen aufpassen: Manchmal geben sie eine bestimmte Meinung wieder. Es gibt verschiedene Arten von Diagrammen:

Säulendiagramme zeigen eine **zeitliche Abfolge**, z. B. in Jahren, oder den **Vergleich** von verschiedenen Ländern. Der Abstand der einzelnen Säulen ist immer gleich. Die einzelnen **Säulen** sind **nicht** miteinander **verbunden**. Balkendiagramme sind ähnlich, sie sind nur ein gedrehtes Säulendiagramm.

Kurven- oder Liniendiagramme bestehen aus einer oder mehreren **Linien**. Die einzelnen **Datenpunkte** sind miteinander **verbunden**. Diese Diagrammform zeigt gut **zeitliche Entwicklungen**.

Kreisdiagramme verwendet man, um **Anteile** an **einer Gesamtmenge** darzustellen. Dabei stellt der ganze Kreis die Gesamtmenge dar. Die Werte sind neben die **Kreisteile** eingetragen.

Schülerbuch Seite 233

Hinweise zur Auswertung von Grafiken

Einordnung und Beschreibung

- Wer hat die Grafik erstellt oder veröffentlicht?
- Welches Thema wird in der Grafik dargestellt, z. B. Überschrift oder Untertitel?
- Welche Zahlenarten werden verwendet, z. B. absolute oder relative Zahlen?
- Um welchen Zeitraum geht es?
- Wie sind die Zahlen in der Grafik umgesetzt, z. B. Abstände, Maßeinheiten, Zeitsprünge, Verzerrungen?

Auswertung

- Benenne die höchsten und die niedrigsten Werte.
- Gibt es bestimmte Phasen im Verlauf, z. B. Zu- und Abnahme, Stillstand?
- Kann man die dargestellten Zahlen vergleichen?
- Zeigen die Zahlen Zusammenhänge auf?
- Wie kann man die Hauptaussagen der Grafik zusammenfassen?

Erklärung

Erst wenn man die Grafik genau beschrieben und ausgewertet hat, kann man Schlussfolgerungen ziehen.
Dann kann man sich ein Urteil bilden.

Wasser – ein Menschenrecht

Schülerbuch Seite 234

Die **Versorgung mit Trinkwasser** ist ein **Grundbedürfnis** der Menschen. Für die deutsche Politik ist es sehr wichtig, die **Menschenrechte** einzuhalten. Auch weltweit sind diese Rechte zu schützen. Die Vereinten Nationen haben das **Recht auf reines Wasser** zu einem **allgemeinen Menschenrecht** erklärt.

Die Vereinten Nationen schätzen: Fast **eine Milliarde Menschen** haben **kein sauberes Trinkwasser**. Jeden Tag **sterben Kinder** durch verunreinigtes Wasser. Viele **Krankheiten** in den Entwicklungsländern entstehen durch viel Schmutz und zu wenig Trinkwasser. Oft sind dort die Menschen **mehrere Stunden unterwegs**, um sich in Kanistern Wasser von einem **Fluss oder Brunnen** zu holen. In **Europa oder in Nordamerika** ist der tägliche **Wasserbedarf** der Menschen **gesichert**. Doch die **weltweiten Wasservorräte** werden immer **knapper**. Der weltweite **Wasserverbrauch steigt**. Dafür gibt es zwei Gründe: Erstens werden es immer **mehr Menschen auf der Erde**. Zweitens vergrößern sich die **Bewässerungsflächen**. Schon heute gibt es in einigen Gebieten keine ausreichende Versorgung mit Süßwasser mehr.

Schülerbuch Seite 235

Darum ist das Gut **Wasser** ein **umkämpfter Rohstoff**. In großen Teilen Afrikas und des Nahen Ostens ist Wasser eine **Mangelware**. In Asien leiden Millionen Menschen an der **Verschmutzung** der Flüsse und Meere. Der zweitlängste Fluss Chinas, der Huang He, der Gelbe Fluss, ist sehr verschmutzt.

Schülerbuch Seite 237

Zusatz: Trübe Aussichten für die künftige Wasserversorgung?

Man erwartet für die Zukunft, dass das **Problem mit der Wasserversorgung** weltweit größer wird. Es wird mehr extreme Wettersituationen geben: Das sind zum Beispiel **Hochwasser** und **Überschwemmungen**, aber auch längere **trockene Perioden**. Als Folge davon können in vielen Regionen **Flüsse und Seen austrocknen**.

Auch in Gebieten, in denen mehr Niederschlag fällt, ist das Trinkwasser gefährdet. Denn Hochwässer können **Trinkwasserbrunnen** überschwemmen und **verschmutzen**. Der **Meeresspiegel steigt** an, weil die Temperaturen steigen. Dadurch kann das **Trinkwasser versalzen**.

Zu Trockenperioden kommt es, weil die Niederschläge abnehmen. Dadurch wird das **Wasser knapper**. In den letzten Jahrzehnten haben Dürrekatastrophen zugenommen.

Projekt Bachbegehung

Schülerbuch Seite 238

Es gibt in Deutschland nur noch **wenige natürliche Bäche**. Das Wasser von vielen Bächen lässt sich **nicht mehr als Trinkwasser** nutzen. Manche Bäche **riechen** unangenehm. Einige Bäche sind **trübe**, in anderen Bäche schwimmt **Müll** oder es wachsen **Algen**. Das Wasser ist verschmutzt durch **Haushaltsabwässer**, **Düngemittel** und Unkrautvertilgungsmittel aus der **Landwirtschaft**. **Lebewesen**, die im Wasser oder am Rande des Bachs leben, sind auch von der Verschmutzung betroffen. Auch wenn das **Bachbett begradigt** oder **einbetoniert** ist, haben Pflanzen und Tiere schlechtere Lebensmöglichkeiten.

Schülerbuch Seite 238

Gewässeruntersuchungen

Gewässeruntersuchungen sind ein wichtiges Element im **Naturschutz**.
Arbeitet bei der **Erkundung in Gruppen** und **schreibt** eure Beobachtungen und Ergebnisse **auf**.
Ihr könnt die Untersuchung auch **an unterschiedlichen Stellen** des Baches durchführen.
So könnt ihr eure Ergebnisse besser **vergleichen**.

Schülerbuch Seite 239

Zur Untersuchung des Wassers braucht ihr:

- Gummistiefel, Kescher oder Küchensiebe
- 2 oder 3 größere Teller, kleine Behälter zum Sammeln
- Löffel, Pipetten und Pinsel, Lupen
- Schreibzeug und Bestimmungshilfen

Tipps für Beobachtungen

- Ist der Bach durch **menschliche Eingriffe** beeinträchtigt? Ist er z. B. betoniert oder nicht?
- Fließt der Bach **gerade oder schlängelt** er sich durch die Landschaft?
- Ist das **Ufer** flach oder steil?
- Gibt es Stellen, wo das Wasser schnell fließt und Buchten ohne Strömung?
- Ist das Ufer bewachsen oder nicht?
- Ist das Wasser **klar oder trüb**?
- Liegt **Müll** im Wasser oder am Rand des Baches?
- Gibt es **Tiere** im Wasser?

Untersuchung von Wassertieren

Sammelt in Gruppen Kleintiere **am Ufer** eines Fließgewässers in einem Teller oder einer Schale.
Streicht dazu mit dem Kescher oder Teesieb durch die **Wasserpflanzen**. Dreht **Steine** um.
Sortiert nun alle ähnlich aussehenden Tiere.
Verwendet eine Lupe und Bestimmungstabellen, um die **Tiere** zu **bestimmen**.
Setzt die Tiere anschließend **zurück ins Wasser**.

9 Leben an der Nordseeküste und in den Alpen

Urlaub an der Nordseeküste

Schülerbuch Seite 244

Laura macht mit ihren Eltern Urlaub auf Norderney.
Norderney ist eine der sieben **Ostfriesischen Inseln.**
Diese Inseln liegen in der **Nordsee** an der **Küste** von Norddeutschland.
Laura hat die Bronchitis, eine Erkrankung der Atemwege.
Der Arzt hat erklärt:
„Es ist gut, an die Nordsee zu fahren, wenn man Bronchitis hat.
Dort ist die **Luft** viel **sauberer** als im Binnenland.
Der **Wind weht** meistens **vom Meer** her.
Darum enthält die Luft nur **wenige Schadstoffe**.
Die **Luft** ist hier sehr **feucht** und mit Bestandteilen von **Salz** angereichert.
So ist das Atmen für Laura leichter."

Laura informiert sich über ihr Urlaubsziel.
Sie besorgt sich verschiedene **Karten** und sucht im **Internet**.
Lauras Vater erklärt ihr: „**Mit dem Zug** fahren wir **bis Norddeich**.
Von dort aus setzen wir mit einer **Fähre auf die Insel** über.
Auf Norderney wollen wir alles **mit dem Fahrrad** erkunden."

Die Gezeiten – Ebbe und Flut

Schülerbuch Seite 246

Laura besucht den **Fischer** Hinnerk Jensen, der auf einem **Krabbenkutter** arbeitet.
Er hat keine geregelten Arbeitszeiten.
Er kann **nur zu bestimmten Zeiten** mit dem Boot auslaufen.
Das erklärt er so:
„Der Meeresspiegel ist nicht immer gleich hoch.
Der **Meeresspiegel** ist die Höhe der **Wasseroberfläche über dem Meeresboden**.
Im Laufe von etwa 12 Stunden **hebt und senkt sich** der Meeresspiegel einmal.
Wenn er auf seinen niedrigsten Stand sinkt, dann ist **Niedrigwasser**.
Dann steigt das Wasser bis zu seinem höchsten Stand, das nennt man **Hochwasser**.
Der Anstieg des Wassers heißt **Flut**, das Absinken heißt **Ebbe**.
Zusammen heißen sie **Gezeiten**.
Der Unterschied an der deutschen Nordseeküste beträgt bis zu drei Meter."
Wann Hinnerk auslaufen kann, erfährt er aus einem **Gezeitenkalender**.
Während des Hochwassers ist Hinnerk draußen auf der Nordsee, um zu **fischen**.
Läuft das Wasser wieder ab, muss er schon im Hafen sein.
Denn sonst bleibt er im Watt stecken und muss auf die nächste Flut warten.

Die Entstehung von Ebbe und Flut hat **zwei Ursachen**:
Erstens: Die **Erde dreht sich um** die **eigene Achse**.
Zweitens: Der **Mond** hat eine **Anziehungskraft** auf die Erde.
Auf der einen Seite der Erde **zieht der Mond das Wasser an**.
Hier ist dann **Flut**.
Auf der **gegenüberliegenden Seite** der Erde entsteht **auch** ein **Flutberg**.
Er kommt durch die Fliehkraft der Erde zustande.
Das ist so ähnlich wie bei einem Kettenkarussell.
Zwischen den Flutbergen herrscht **Ebbe**.

M1 Entstehung von Ebbe und Flut

Sturmfluten an der Nordsee

Schülerbuch Seite 247

Die Ereignisse in der Nacht auf den 17. Februar 1962 in Hamburg-Wilhelmsburg schildert eine Schülerin:
Meine Eltern wachten von einem lauten Brausen auf.
Als meine Mutter aus dem Fenster sah, stand **das Wasser bis zum Fenster**.
Da wusste sie, dass es ein **Deichbruch** war.
„Steh auf!", rief meine Mutter.
Entsetzt fuhr ich auf.
Wir wollten aus dem Haus fliehen.
Wir kamen aber nicht aus der Tür, weil das Wasser dagegen drückte.
Wir konnten nur **durchs Fenster** entkommen.
Eine **Flutwelle** kam uns entgegen.
Wir **kletterten** auf den Baum und dann **aufs Dach**.
Dort war der Sturm noch stärker.
Es war sehr **sehr kalt**, unsere Glieder wurden schnell steif.
Von überall hörten wir **Hilferufe**.
Wir mussten einige **Stunden** so verbringen.
Wir sind sehr froh, dass wir alles gut überstanden haben.

Eine **Sturmflut** entsteht, wenn die **Flut und** ein schwerer **Sturm** in **Richtung der Küste** zusammentreffen.
Das **Wasser** kann durch den Sturm bei Ebbe nicht ablaufen:
Es **staut sich vor der Küste** auf.
1962 drückte ein starker Sturm 40 Stunden lang das Meerwasser in die Deutsche Bucht.
In **Hamburg** waren viele Stadtteile **überflutet**.
Hamburg liegt nicht direkt an der Küste, aber am Fluss Elbe.
Die **Elbe fließt** in die **Nordsee**.
Das Wasser der Elbe **staute** sich durch den Sturm **auf**.
Es konnte **nicht abfließen** und wurde sogar flussaufwärts getrieben.
Viele **Menschen starben** damals, Tausende Einwohner wurden **obdachlos**.
Seitdem sorgt sich die Stadt Hamburg noch **mehr** um den **Küstenschutz**: Sie baut die **Deiche höher**.

Küstenschutz und Landgewinnung

Schülerbuch Seite 248

Seit Tausenden Jahren **schützen** sich die Menschen an der Küste vor dem Meer.
Zunächst schütteten sie **Erdhügel** auf, die **Warften** heißen.
Dann bauten sie ihre Häuser darauf.
Später verbanden sie die Warften durch **Wälle aus Erde und Holzpfählen**.
Mit diesen kreisförmigen Deichen begann der **Deichbau**.
Die **Küstenlandschaft** kann auch anders **gesichert** sein.
Man **gewinnt** z. B. **neues Land** aus dem Meer.
Dabei nutzen die Menschen einen natürlichen Vorgang.
Jede Flut bringt große Mengen von kleinen Ton- und Schlammteilchen mit sich.
Sie **lagern sich** bei ruhigem Wasser in Küstennähe **ab**.
Diesen Vorgang beschleunigen die Menschen: Sie bauen **Zäune aus Holzpfählen und Ästen**.
Der **feine Schlamm** bleibt nach und nach zwischen den Zäunen **liegen**.
Auf dem neuen Land wächst später Gras.
Bis es jedoch eingedeicht werden kann, dauert es viele Jahre.
Diese **eingedeichten Gebiete n**utzt man als **Viehweiden** und teilweise als **Ackerflächen**.

Methode: Wir bauen ein Deichmodell

Schülerbuch Seite 249

An der **Nordseeküste** baut man **Deiche** seit vielen hundert Jahren.
Sie ermöglichen es den Menschen, **an der Küste zu leben**.
Es gibt sogar Gebiete, die unterhalb des Meeresspiegels liegen.
Im Laufe der Jahrhunderte **stieg** das **Hochwasser immer mehr an**.
So mussten die Küstenbewohner den Bau ihrer **Deiche** immer wieder **verändern**.
Die Deiche aus früheren Zeiten reichen gegen die heutigen Sturmfluten nicht mehr aus.
An einem Modell könnt ihr sehen: Die **Kraft der Wellen wirkt** sich **unterschiedlich** auf unterschiedliche **Deiche** aus.

Lebensraum Wattenmeer

Schülerbuch Seite 250

Das **Wattenmeer** entlang der Nordseeküste ist **durch die Gezeiten entstanden**.
Zweimal täglich wird das Watt durch das Hochwasser **überflutet**.
Bei Ebbe fließt das Wasser über tiefe Ströme ab.
Man kann nun den schlammigen Meeresboden für einige Stunden betreten.
Zum Watt gehören auch die **Salzwiesen**.
Sie sind in **unregelmäßigen** Abständen v**om Hochwasser überflutet**.
Hier wachsen nur Gräser, die Salz vertragen können.
Das Wattenmeer ist eines der größten **Feuchtgebiete** der Erde.
Es ist **Lebensraum** für viele **Tier- und Pflanzenarten** und Station für Millionen **Zugvögel**.

> Laura erfährt von einem erfahrenen Wattführer:
> Der freiliegende **Meeresboden** hat viele **Nährstoffen**.
> So ist das Watt ein **idealer Lebensraum**.
> Im Watt sieht Laura überall die Kothäufchen des **Wattwurms**.
> Auch **Algen**, **Krebse** und verschiedene **Muscheln** findet Laura.
> Sie erfährt vom Wattführer, dass viele **Zugvögel** das Watt als Brut- und Rastplatz nutzen.
> Es gilt als das **vogelreichste Gebiet der Erde**.
> Aber auch viele **Fische** nutzen das Watt, um sich vor Raubfischen zu verstecken.
> Auf den Sandbänken im Wattenmeer ruhen sich oft die **Seehunde** aus.

M1 Das Watt lebt!

Schülerbuch Seite 251

Der Nationalpark Wattenmeer

Weite Teile des Wattenmeers sind seit einigen Jahrzehnten **Nationalparks.**
Das Wattenmeer gehört zum **Weltnaturerbe** der Menschheit.
Das Wattenmeer soll sich fast **ohne Einfluss des Menschen** entwickeln.
Man muss **aber** beachten: Die **Küstenbewohner leben** von **Fischerei, Landwirtschaft, Industrie** und **Tourismus**.
Deshalb gibt es **Vorschriften**, wie man das Wattenmeer nutzen darf.
Es gibt drei verschiedene **Schutzzonen**, in denen unterschiedliche Einschränkungen gelten.

Zusatz: Leben auf einer Hallig

Schülerbuch Seite 252

Merle ist neun Jahre alt und lebt auf der **Hallig Hooge**.
Dort besucht sie als einzige Schülerin die **dritte Klasse**.
Es gibt nur **ein Klassenzimmer**, in dem **alle Kinder gleichzeitig betreut** werden.
Das **Haus** von Merles Familie steht **auf einem aufgeschütteten Hügel**, auf einer **Warft**.
Etwa drei- bis viermal im Jahr ist die Hallig überschwemmt.
Dann schauen nur noch die Warften mit ihren Häusern aus dem Wasser hervor.
Es gibt einen **einzigen Supermarkt**.
Andere Dinge müssen die Bewohner **auf dem Festland besorgen**.
Es besuchen viele Urlauber die Insel.
Sieben von zehn Halligbewohnern leben vom **Tourismus**.
Nur noch wenige Menschen arbeiten in der **Landwirtschaft**.
Das **Vieh** auf der Insel gehört den **Landwirten auf dem Festland**.
Es weidet nur im Sommer auf den Salzwiesen der Hallig.
Wenn es **Sturm- und Orkanwarnungen** gibt, helfen die Männer vom **Küstenschutz**.
Dann hilft man sich gegenseitig, um alle **Tiere in die** sicheren Ställe auf der **Warft** zu bringen.

Methode: Wir informieren uns im Internet über die Halligen

Schülerbuch Seite 253

Das Leben auf einer Hallig ist völlig anders als auf dem Festland.
Über die Lebensgewohnheiten ihrer Bewohner findest du **viele Informationen im Internet**.
Unter dem Link www.hooge.de kannst du nachschauen.

Gib folgende **Adresse** ein: www.halligschule-hooge.de.
Dort erfährst du mehr über Merle und ihre Mitschüler.

Schreibe die **Wörter richtig**.
Setze auch die **Satzzeichen**, z. B. Punkte, Minus, **an der richtigen Stelle**.
Wenn du noch keinen Link hast, suchst du mit einer **Suchmaschine**.
Die Suchmaschine zeigt dir sehr viele Informationen an.
Um das zu vermeiden, gibt es die **www-Regeln**.

1. Was suche ich?
Überlege dir genau, was du suchst.
Schreibe **eindeutige Begriffe** auf.

2. Wo finde ich die Informationen?
Suchmaschinen helfen dir weiter, z. B. Google.
Es gibt auch Suchmaschinen nur für Kinder und Jugendliche, z. B. www.blinde-kuh.de.
Jede Suchmaschine hat ein **Suchfeld**, in das du einen oder mehrere **Suchbegriffe eingeben** kannst.

3. Welche Informationen sind für mich wichtig?
Als **Ergebnis** erhältst du viele Internetseiten zum Thema.
Jetzt zeigt sich, wie **genau deine Anfrage** war:
Gibst du bei Blinde Kuh „Halligen“ ein, erhältst du vier Ergebnisse, bei „Hooge“ sind es zwei.
Wie geeignet eine Internetseite ist, zeigt die **Kurzbeschreibung**.

M1 Die www-Regeln

Methode: Wir entwerfen eine Mindmap

Schülerbuch Seite 255

Mit einer Mindmap kannst du:

- **Ideen** entwickeln,
- Projekte planen und **präsentieren,**
- **Wissen ordnen** und **wiederholen**.

  Ihr könnt eine Mindmap alleine oder auch in Gruppenarbeit erstellen.

Arbeitsschritt 1:

- Benutzt ein DIN-A-4-Blatt im Querformat.
- Schreibt das **Thema in die Blattmitte**.
- Verwendet Großbuchstaben.
- Zeichnet eine „Wolke" um das Thema.

Arbeitsschritt 2:

- **Überlegt**, was euch zu diesem Thema einfällt.
- **Ordnet** eure Gedanken: Unterscheidet dabei **Überschriften**, also **Oberbegriffe**, und **Beispiele**.
- Verwendet bei allen Gedanken oder Begriffen **wenige Worte**. So merkt man sich die Inhalte schnell und leicht.
- **Zeichnet** vom Mittelpunkt aus **Äste für die Oberbegriffe**. Gebt den Oberbegriffen verschiedene **Farben**.
- **Beschriftet** die Äste. Auch die Oberbegriffe werden groß geschrieben.
- Lasst genügend Abstand zwischen den Ästen.

Arbeitsschritt 3:

- **Schreibt** die **Beispiele** zu den Oberbegriffen.
- **Zeichnet** ausgehend von den Ästen **kleinere Zweige**.
- **Beschriftet** die Zweige mit den jeweiligen Begriffen.
- Ihr könnt durch **Umrandungen** die wichtigsten Informationen **hervorheben**.

Arbeitsschritt 4:

- Zeichnet die Mindmap auf ein **Plakat** und **zeigt** das Ergebnis euren **Mitschülern**.

Methode: Bildbeschreibung – ein Bild sagt oft mehr als tausend Worte

Schülerbuch Seite 257

Bilder begegnen dir jeden Tag: auf **Werbeplakaten**, in der **Zeitung** und im **Internet**.
Auch in deinem Gesellschaftslehrebuch findest du Bilder.
Sie erzählen von fremden Kulturen, fernen Orten und geschichtlichen Ereignissen.
Damit man diese Bilder richtig nutzen kann, **wertet** man das **Bild nach bestimmten Regeln aus**.
Um ein Bild zu **beschreiben**, gehst du so vor:

Arbeitsschritt 1: **Dem Bild einen Namen geben**
Überlege dir einen **Titel** für das Bild.

Arbeitsschritt 2: **Das Bild beschreiben**
Die genaue **Bildbeschreibung** hilft dir, wichtige **Einzelheiten** zu erkennen.
Beschreibe dabei das Bild z. B. **von links nach rechts** oder **von oben nach unten**.

Arbeitsschritt 3: **Warum betrachten wir das Bild im Unterricht?**
Oft enthalten Bilder wichtige **Informationen über** das **Thema**, das ihr gerade im Unterricht bearbeitet.
Oder es wirft eine Frage auf, die ihr beantworten werdet.
Versucht bei diesem Schritt, die **Informationen herauszulesen** oder die **Frage** zu **finden**.

Die Alpen – ein Hochgebirge

Schülerbuch Seite 258

Die Alpen sind das größte und höchste Gebirge in Europa.
Die Alpen gehören zu den **Hochgebirgen**.
Hier sind die **Berggipfel** zum Teil **über 4000 m hoch**.
In den höheren Regionen der Alpen gibt es viele **Gletscher**.
Die Gletscher sind die **Reste einer Eiszeit**.
Die Eiszeit ging vor etwa 15000 Jahren zu Ende.
Oberhalb von 2500 m fallen die meisten **Niederschläge** auch im Sommer **als Schnee**.
Der Schnee **gefriert** täglich und **taut** an der Oberfläche wieder auf.
Die Folge ist: Der **Schnee wird** erst körnig und dann **zu Eis**.
Das **Gletschereis** verformt sich durch den Gewichtsdruck.
Es bewegt sich **wie ein Fluss** langsam ins Tal.

Schülerbuch Seite 259

Eine Gletschertour im Engadin
Eine Gruppe hat den Tschierva-Gletscher (Schweiz) bestiegen.
Ein Teilnehmer erzählt:
„Unser Bergführer führt uns auf dem Weg zum Gletscher.
Wir müssen **Schutt, Steinen** und riesigen Blöcken ausweichen, **die** der **Gletscher abgelagert hat**.
Diese **Ablagerungen** findet man vor dem Gletscher und an seinen Seiten.
Sie heißen **Moränen**.
Wir erreichen das **Gletschertor** (1).
An dieser Stelle entspringt der **Gletscherbach** (2).
Im Bereich der **Gletscherzunge** (3) macht das Eis Geräusche.
Die Oberfläche ist von vielen **Spalten** (4) zerrissen.
Diese sind bis zu 40 m tief und von Neuschnee überdeckt.
Am **oberen Ende des Gletschers** gibt es eine große **Mulde** (5).
Hier bleibt der Schnee auch im Sommer liegen.
Durch Tauen und Gefrieren wird der Schnee allmählich zu Eis.
Im **oberen Bereich des Gletschers** fällt jedes Jahr **mehr Schnee, als im Sommer schmilzt.**
Hier (6) **wächst der Gletscher**.
Im unteren Teil schmilzt mehr Schnee und Eis durch die höheren Temperaturen (7).

Menschen nutzen die Höhenstufen

Schülerbuch Seite 260

Marie verbringt ihre Sommerferien auf einem **Bauernhof** im **Allgäu**.

Sie schaut im Stall nach, wie viele Tiere auf dem Hof leben.

Doch dort staunt sie: „Der Stall ist ja leer! Wo sind denn die **Kühe?**"

Martin, der 13-jährige Sohn des Bauern, erklärt ihr:

„Die sind gerade oben **auf der Alm**.

Unser Vieh kommt im Mai zunächst auf die **Weiden im Tal**.

Bis Juni ist das Gras dort abgefressen.

Dann treibt man die Kühe zur **Voralm**.

Diese liegt in der Höhe, **wo die Tannen stehen**.

Später kommt das Jungvieh hinauf zur **Hochalm**.

Die befindet sich oberhalb der Waldgrenze, wo fast **keine Bäume mehr** wachsen.

Dort findet man saftiges, grünes **Gras**.

In den Sommerferien bin ich mit meinem Bruder dort oben, um die Kühe zu betreuen.

Im September treibt man die ganze Herde ins Dorf.

Das ist der **Almabtrieb**.

Das wird immer ein richtiges Volksfest.

Anschließend kommen die Tiere wieder in den Stall zum Überwintern.

Diese **Form der Viehhaltung** heißt **Almwirtschaft**."

Sölden früher ... und heute

Schülerbuch Seite 262

Bergbauer Wenger erzählt:
„Als ich ein kleiner Bub war, war das Leben in Sölden anstrengend, aber ruhig.
Im Sommer war ich **Almhirte**.
In den Bergen konnte man **viele Tiere** beobachten:
Steinböcke, Gämsen, Murmeltiere, auch Greifvögel.
Ich wohnte dort in einer Hütte.
Strom gab es nicht, das Wasser kam aus einem Bergbach.
Die Kühe **molk** man jeden Tag **mit der Hand**.
Die Milch verarbeitete man gleich zu **Käse und Butter**.
Das war eine sehr **schwere Arbeit**.
Viele mussten **Menschen ihre Dörfer verlassen**, weil sie **keine Arbeit** hatten.
Darum zogen vor allem jüngere **Dorfbewohner in die Städte**.
Diese Erscheinung nennt man **Bergflucht**.
Jetzt haben wir hier **mehr Touristen**.
Die Menschen finden **durch den Tourismus** in unserer Gegend **wieder Arbeit**.
Durch den Tourismus hat sich aber **viel verändert**.“

Massentourismus gefährdet die Alpen

Schülerbuch Seite 264

A Manche **Skifahrer und Snowboarder** fahren im Winter nicht auf den Pisten.
Sie können so Lawinen auslösen.

B Im Sommer entstehen nach starken Niederschlägen manchmal **Schlammlawinen.**
Sie fließen ins Tal, gefährden Siedlungen und die Bewohner.

C **Lawinen** sind große Massen von Schnee oder Eis, die sich von Berghängen ablösen.
Sie gleiten oder stürzen ins Tal.
Lawinen können große **Verwüstungen** anrichten.
Bäume und Häuser werden zerstört.
Kommt ein Mensch in eine Lawine, kann er in den Schneemassen ersticken.

D **Kunstschnee** liegt **bis ins Frühjahr** auf den Skipisten.
Im kurzen Sommer haben die Pflanzen nicht genügend Zeit, sich zu entwickeln.
Auf **Boden** wachsen dadurch **zu wenig Pflanzen** und er kann bei starken Niederschlägen **abgespült** werden.

E Schwere Pistenraupen **pressen** den Schnee und den darunter liegenden **Boden zusammen**.
Regenwasser **versickert schlecht** in diesem Boden und Pflanzen wachsen wenig.
Dadurch wird der **Boden** bei starken Regenfällen **leichter abgeschwemmt**.
Diesen Vorgang nennt man **Erosion**.

G **Wanderer und Radfahrer** bleiben nicht auf den Wegen.
Sie **zerstören** so den **Boden und** die **Pflanzen**, die den Boden vor Abtragungen schützen.
Auch Tiere sind in ihrer Ruhe gestört.

Methode: Wir führen ein Rollenspiel durch

Schülerbuch Seite 266

Der **Bergbauernhof** der Familie Guckenmoser liegt im Ennstal auf einer Höhe von etwa 1 250 m.
Er ist nur von **Wald und Wiesen** umgeben.
Die Familie lebt vom **Verkauf ihrer Produkte**.
Für Milch und Rindfleisch bekommen sie in den letzten Jahren **weniger Geld**.
Sie haben aber immer noch dieselbe Arbeit damit.
Deshalb muss die Familie Guckenmoser **über die Zukunft** ihres Bergbauernhofes **entscheiden**.

Schülerbuch Seite 267

1. Vorbereitung des Rollenspiels

Nennt weitere **Gründe**, den Hof **weiterzuführen** und Gründe, den Hof **aufzugeben**.
Welche drei Überlegungen sind die wichtigsten für eine Entscheidung?

2. Rollenspiel

Ihr arbeitet in **Vierergruppen**.
Teilt die Rollen untereinander auf.
Lies den Text deiner Figur durch und **schreibe Begründungen auf**.
Füge **eigene Ideen** hinzu.
Setzt euch als Gruppe zum **Familienrat** zusammen.
Jeder Schüler **trägt** als Familienmitglied **seine Gründe und Forderungen** vor.
Sucht gemeinsam nach einer **Lösung**.
Schreibt sie auf.

3. Präsentation/Nachbesprechung

Tragt in der Klasse eure Lösung **vor**.
Besprecht eure Erfahrungen beim Rollenspiel:

- Welche Begründungen waren überzeugend, welche nicht?
- Wie seid ihr zu einer Lösung gekommen?

Schülerbuch Seite 267 (Fortsetzung)

Claudia Guckenmoser, 41 Jahre
„Vielleicht findet **Rudolf als Bergführer** eine zusätzliche Arbeit in der Gegend.
Dann muss **ich** die **Arbeit auf dem Hof allein** erledigen.
Ich **möchte** gerne **Ferienwohnungen** einbauen und an Urlauber **vermieten.**
Für den Bau gibt es Zuschüsse vom Staat.
Wir **könnten** unsere **Produkte an die Urlauber verkaufen**.
Vielleicht können wir davon leben."

Rudolf Guckenmoser, 42 Jahre
„Den Hof habe ich von meinem Vater geerbt.
Ich **möchte** ihn gerne **weiterführen**.
Ich habe mein ganzes Leben auf dem Hof verbracht und bin an die **schwere Arbeit gewöhnt.**
Aber wir **brauchen** zusätzliche **Einnahmen**.
Ich werde **versuchen**, eine **Stelle als Bergführer** zu bekommen.
In der Stadt ist es schwer für mich, eine Arbeit zu finden."

Max Guckenmoser, 11 Jahre
„Ich weiß noch nicht, was ich später werden möchte.
Ich **möchte**, dass wir **in die Stadt** ziehen.
Dann hätten meine Eltern mehr **Freizeit** und wir könnten auch einmal in **Urlaub** fahren.
In der Stadt kann ich ins Kino gehen, und hat man **mehr Freunde** dort.
Hier ist mir oft langweilig."

Rita Guckenmoser, 17 Jahre
„Ich bin in der 12. Klasse am Gymnasium.
Ich gehe ins **Internat**, weil der Schulweg zu weit ist.
Ich **liebe** die ruhigen Wochenenden, unsere **Tiere und die Natur.**
Ich würde gerne Tierärztin werden und nach dem **Studium** ins Dorf ziehen.
Den Hof kann ich dann wohl **nicht weiterführen**."

10 Leben in der Stadt und auf dem Land

Projekt: Wir erkunden unsere Stadt

Schülerbuch Seite 272

Die meisten **Schüler** in Deutschland leben heute **in Städten**. Sie gehen dort zur Schule, verbringen ihre Freizeit, kaufen ein und nehmen am Verkehr teil.
Durch eine Erkundung lernt ihr **eure Stadt kennen**.

Schülerbuch Seite 273

Methode: So führt ihr eine Stadterkundung durch

1. Vorbereitung der Erkundung
- Legt **Themenbereiche** fest, die ihr erkunden wollt.
- Stellt Gruppen zusammen. Verteilt die Aufgaben.
- Welche **Fragen** wollt ihr beantworten?
- Welche **Arbeitsmaterialien** benötigt ihr, z. B. Stadtplan, Notizblock, Digitalkamera, Aufnahmegerät?
- Welche **Arbeitstechniken** wollt ihr anwenden, z. B. Interview, Texte und Bilder auswerten, Internetsuche?
- Welche **Stellen und Ämter** können euch weiterhelfen?
- Wie wollt ihr eure Ergebnisse **präsentieren**?

2. Durchführung der Erkundung
- Schaut euch die **vorbereiteten Fragen** an.
- Bestimmt in der Gruppe, wer **mitschreibt**.
- Seid **höflich**, wenn ihr Personen befragt.

3. Auswertung und Präsentation
- **Stellt** die Ergebnisse der Arbeitsgruppen **vor**, z. B. mit einer **Wandzeitung oder** einem **Plakat**.
- Werden die Ergebnisse gut erklärt?

4. Beurteilung
- **Was** ist euch gut **gelungen** und was hättet ihr **besser machen** können? Habt ihr **Antworten** auf alle Fragen **bekommen**?

Unsere Stadt hat verschiedene Viertel

Schülerbuch Seite 274

Kira wohnt in **Frankfurt** im **Stadtviertel Westend**.
Sie hat Geburtstag.
Darum will sie mit ihren Freundinnen zu Hause Pizza essen.
Die bestellt sie bei einer Pizzeria in der Kaiserstraße (1) im Bahnhofsviertel.
Mario, der Fahrer, fährt gleich mehrere Bestellungen aus.
Er fährt zunächst durchs **Bahnhofsviertel** mit **vielen Geschäften und Banken** bis zum Main Tower.
Hier in der Neuen Mainzer Straße liefert er seine erste Bestellung ab (2).
Er fährt weiter durch die **City** in Richtung Römer (3).
Hier liefert er Pizzen für die **Stadtverwaltung**.
Dann fährt er weiter in die **Innenstadt**: Dort gibt es Stau.
Es ist 17.15 Uhr, also **Rushhour**.
Um diese Zeit fahren viele **Pendler** von der Arbeit nach Hause in die Vororte, wo sie wohnen.
Mario fährt an der **Paulskirche** vorbei über die Battonnstraße in Richtung Zoo.
Hier eilen sehr viele Menschen zur **U- und S-Bahn-Station Konstablerwache**.
In der Friedberger Anlage (4) liefert er die nächste Bestellung ab.
Weiter geht es am **Bethmann-Park** vorbei durch die Friedberger Landstraße.
Dort gibt es viele **Wohn- und Geschäftshäuser**.
Mario biegt in die Bertramstraße ein, wo er beim **Hessischen Rundfunk** (5) eine Bestellung abliefert.
Hier gibt es **immer mehr Wohnhäuser**.
Bis ins Westend dauert es jetzt nicht mehr lange.
Er fährt die Miquelallee entlang.
Rechts sieht er die **Deutsche Bundesbank** und den **Europaturm**.
Danach folgt er der Zeppelinallee.
Links ist der Palmengarten zu sehen.
Er kommt am **Senckenberg-Museum** vorbei.
Nun biegt er in den Kettenhofweg (6) ein: Hier wohnt Kira.
Die Mädchen warten schon.

Die Stadt und ihr Umland

Schülerbuch Seite 276

Die **Stadt und das Umland hängen** eng miteinander **zusammen**.
Die Stadt braucht das Umland und das Umland braucht die Stadt.
Sie ergänzen sich und es gibt **viele Verbindungen**.

Projekt: Wir erkunden einen Bauernhof

Schülerbuch Seite 278

Wie sieht **Landwirtschaft heute** aus?
Vielleicht lebt ihr auf dem Land und könnt manchmal Bauern bei der Arbeit zusehen.
Oder vielleicht wohnt ihr in einer großen Stadt und ihr habt euch noch nie einen Bauernhof angesehen.

Auf den nächsten Seiten erfahrt ihr:
Wie erkunde ich einen Bauernhof?
Wie hat sich die **Landwirtschaft** in den letzten 60 Jahren **verändert**?
Herr Fischer stellt seinen Betrieb vor und beantwortet gerne unsere Fragen.

Schülerbuch Seite 279

Gruppe 1: Allgemeine Angaben zum Hof, Landwirtschaft früher und heute

Herr Fischer erzählt von seinem **Hof** und der **Arbeit auf dem Hof**.
„Ich habe den Hof **von meinen Eltern** vor 30 Jahren übernommen.
Seitdem hat sich viel **verändert**.
Früher hatten wir Kühe, Schweine und Hühner.
Wir bauten verschiedene Pflanzen an.

Heute sind wir ein **Ackerbaubetrieb**.
Wir bauen **Getreide und Hackfrüchte** an.
Die **Schweinemast** haben wir nur noch **für den Eigenbedarf** und für den Privatverkauf.
Wir bewirtschaften eine Fläche von 45 Hektar.
Ein Hektar ist etwa so groß wie zwei Fußballfelder.
Unser Bauernhof ist ein **Vollerwerbsbetrieb.**
Das heißt: Wir leben von dem Geld, das wir mit der Landwirtschaft verdienen.

Wir stehen früh um 6 Uhr auf.
Ich **arbeite den ganzen Tag** auf dem Hof.
Meine Frau übernimmt die Arbeiten im **Haushalt** und kümmert sich um die zwei **Ferienwohnungen**.
Meine Frau und beide **Töchter helfen** in der Erntezeit auf dem Feld **mit**.
Für zwei Monate im Jahr stellen wir einen **Saisonarbeiter** ein."

Schülerbuch Seite 280

Gruppe 2: Mechanisierung und Spezialisierung
Die zweite Gruppe fragt Herrn Fischer nach seinen Geräten und **Maschinen auf dem Hof**.

Herr Fischer erläutert:
„**Heute** arbeiten viel **weniger Menschen in der Landwirtschaft**.
Immer weniger Bauern ernähren immer mehr Menschen.
1950 arbeiteten von 100 Erwerbstätigen noch **23 in der Landwirtschaft, heute nur** noch **2**.

Das kommt durch die **Mechanisierung**:
Mit **Maschinen** und anderen **technischen Geräten** kann man größere Flächen bearbeiten.
Im Stall versorgen **Melk- und Futtermaschinen** viel mehr Tiere.
Die Tiere und Pflanzen wachsen durch **besseres Futter** und besseren **Dünger** schneller und kräftiger.
Die Maschinen sind aber sehr teuer.
Deshalb sind viele Bauern in einer Gemeinschaft: Sie teilen sich die Maschinen.
Die **Technik** wird immer moderner: So steuern **Satelliten** einige Traktoren beim Pflügen und Ernten.

Für den Verkauf von Getreide, Milch und Fleisch bekommen die Bauern Geld.
In den letzten Jahren bekommen sie immer weniger Geld.
Darum legen sich die Landwirte auf **wenige Pflanzen- oder Tierarten** fest.
Das nennt man **Spezialisierung**.
Dadurch stellen sie **größere Mengen** her und **verkaufen** auch viel mehr."

Schülerbuch Seite 281

Früher hat Herr Fischer mit dem **Zuckerrübenanbau** genügend Geld verdient.
Man sagt: Er hatte **sichere Einnahmen**.
Das ist heute nicht mehr so.

Er erklärt, warum:
„In den letzten Jahren habe ich **an den Zuckerrüben** immer **weniger verdient**.
Denn die **Preise für Zuckerrüben** sind **sehr gefallen**.
Die **Preise für Düngemittel** aber **gestiegen**.
Die **Zuckerrübe** ist eine **Hackfrucht**.
Sie braucht **sehr guten Ackerboden**.
Sie entzieht dem Boden aber **viele Nährstoffe**.
Darum **wechsele** ich die **Bepflanzung ab**: Einmal Zuckerrüben, dann Roggen.
Roggen braucht weniger Nährstoffe, er ist weniger anspruchsvoll.
Im Frühjahr säe ich den **Pflanzensamen** auf den vorbereiteten Boden.
Die **Pflänzchen** wachsen zu dicken Rüben heran und **bauen Zucker auf**.
Der **Boden** muss immer **locker** und **luftdurchlässig** sein.
Im Oktober beginnt die **Ernte** mit dem **Rübenvollernter**.
Diese Maschine erntet die Rüben, reinigt sie und lagert sie am Feldrand.
Dort verlädt man die **Rüben auf Lkws**.
Die Lkws bringen sie **zur Zuckerfabrik**.
Die **Rübenblätter** bleiben auf dem Feld, weil sie **guter Dünger** sind."

Auf einem „Ökohof"

Schülerbuch Seite 282

Schüler besuchen einen landwirtschaftlichen Betrieb:
Der Betrieb ist **ökologisch bewirtschaftet**.

Der Betriebsinhaber, Herr Meister, berichtet:
„Die **ökologische Landwirtschaft** hat sich in Deutschland ausgebreitet.
Ich habe früh auf Ökolandbau umgestellt.
Ich achte darauf, dass ich **schonend mit** dem **Boden**, mit den **Tieren und Pflanzen umgehe**.
Die **Schweine** laufen bei uns **frei** umher.
Auf der Wiese können sie wühlen und sich suhlen.
Sie werden darum **nicht so schnell krank**.
Ich baue auch Pflanzen an.
Dabei setze ich **keine chemischen Dünge- und Pflanzenschutzmittel** ein.
Dadurch **ernte** ich etwas **weniger** als die anderen Bauern.
Aber ich kann für unsere Produkte **höhere Preise verlangen**.

Ich gehöre einem Bio-Verband an.
Der Verband überprüft meine Erzeugnisse ständig.
Sie müssen nach den bestimmten Regeln, den **EU-Bio-Richtlinien,** hergestellt sein.

Ich **verkaufe meine Erzeugnisse selbst** über meinen Hofladen.
Das nennt man **Direktvermarktung**: Ich brauche keine anderen Händler.
Außerdem **bieten** wir noch **andere Produkte an**, z. B. Käse oder Eier, auch biologisch hergestellt.
Viele **Kunden mögen** den direkten **Kontakt zu uns** auf dem Hof.
Sie vertrauen uns, weil sie **wissen, woher ihr Essen stammt**."

Methode: Darstellen der Ergebnisse auf einem Plakat

Schülerbuch Seite 283

Nach der Erkundung der beiden Höfe haben die Schüler wichtige **Ergebnisse auf Plakaten** dargestellt.
Plakate sind eine gute Möglichkeit, **Informationen zu einem Thema** zu zeigen.

Das ist bei der Plakaterstellung wichtig:

- Nur **das Wichtigste** ist dargestellt.
- Durch **große Überschriften** ist das Plakat übersichtlich.
- Texte passen zu den Bildern.
- zur Auflockerung **Fotos, Zeichnungen oder Schaubilder** verwenden
- Aufzählung in **Stichworten**
- **kurze Texte**
- Wichtige Begriffe sind unterstrichen oder mit **Farbe** hervorgehoben.

So stellt ihr eure Plakate in der Klasse vor:

Richtig vorbereiten

- Sprecht in der Gruppe ab, wer welche Teile **vorträgt**.
- Schreibt euch **Stichwortzettel**.
  Nehmt dazu am besten kleine **Karteikarten**.
- Übt den Vortrag in der Gruppe.

Richtig präsentieren

- **Stellt** euch neben das Plakat.
- Verwendet eure Karteikarten. Sie helfen euch weiter, wenn ihr ins Stocken kommt.
- **Sprecht langsam**, laut und **deutlich**.
- **Schaut** zu euren Mitschülern.

Aus Milch wird Käse

Schülerbuch Seite 284

Auf dem Hof: Die Kühe werden gemolken

Milchbauer Henning ist oft vor sechs Uhr morgens im Stall.
Die Kühe stehen schon vor dem **Melkautomaten** an, um sich melken zu lassen.
Jede Kuh hat in ihrem **Halsband einen Computerchip**.
Er zeigt dem Melkautomaten an, welches Tier **wie viel Milch** gibt.
Herr Henning setzt das Melkgerät auf das Kuheuter, den Rest macht die **Melkmaschine**.
Die Maschine kann bis zu **40 Kühe in einer Stunde** melken.
Früher schaffte ein **Bauer von Hand** lediglich **sechs bis acht Tiere** in der gleichen Zeit.
Heute **geben Kühe** viel **mehr Milch** als vor einigen Jahren.
Dies gelang durch die Entwicklung von **besserem Futter** und die **Züchtung** von Kühen, die besonders viel Milch geben.
Ein Computer **untersucht** die Milch nach dem Melken auf **Qualität und schädliche Keime**.
Die frische Milch lagert dann in **Kühltanks** auf dem Hof.
Dann holt ein **Tankwagen** die Milch ab und bringt sie **zur Molkerei**.

Schülerbuch Seite 285

In der Molkerei

In der Molkerei pumpt man die Milch aus den Tankwagen in große **Vorratsbehälter**.
Man **verarbeitet** die Milch nun: z. B. zu Frischmilch, H-Milch, Molke, Buttermilch, Kefir, Joghurt und Käse.
Die Schulmilch zum Beispiel **erhitzt** man auf etwa 65 °C, das nennt man pasteurisieren.
Dadurch **tötet** man **Keime** in der Milch.
Die Milch ist jetzt **länger haltbar**.
Dann **presst** man die Milch **durch winzige Löcher**.
So können sich keine Fettklümpchen mehr bilden.
Nach dieser Behandlung **kühlt** man die Milch und füllt sie **in Flaschen oder Tetrapaks**.
Die **Molkereiprodukte** lagern in riesigen Kühlkammern.
Lkws bringen die bestellte Ware **zu den Supermärkten**.

Unser Dorf verändert sich

Schülerbuch Seite 286

Viele **Dörfer** in Deutschland haben sich **sehr verändert**. Früher betrieben die Menschen auf **kleinen Bauernhöfen** Landwirtschaft: So **versorgten** sie **sich selbst** Es gab **Handwerker**, wie zum Beispiel Schmiede, Bäcker, Metzger, Schreiner oder Schuster. Nur wenige Leute arbeiteten außerhalb des Dorfes. Dörfer mit 500 Einwohnern hatten meistens **eine Schule** mit einem oder zwei Klassenzimmern. Nach der **8. Klasse** war die Schulzeit zu Ende. Nur **wenige Schüler** gingen **weiter zur Schule**. Sie mussten **mit dem Bus in die nächste Stadt** fahren. **Heute** gibt es in Dörfern oft **nur eine Grundschule**, in kleinen Dörfern überhaupt keine Schule mehr. Es gab meistens zwei oder drei **Gemischtwarenläden**. Es gab mehrere **Gaststätten** mit einem großen Saal. Dort fanden Versammlungen und Tanzveranstaltungen statt. Das **Bürgermeisteramt** und eine **Poststelle** waren wichtige Einrichtungen.

Immer **weniger junge Menschen** wollen die landwirtschaftlichen **Betriebe ihrer Eltern übernehmen**. Deshalb **schlossen** viele Betriebe. Die meisten **Erwerbstätigen** arbeiten heute **nicht im Dorf**. Sie fahren jeden Tag weite Strecken. In vielen Dörfern leben heute nur noch **ein oder zwei Landwirte**. In vielen Dörfern nahmen die Bevölkerungszahlen dennoch zu, weil Einheimische ihre **Höfe zu Wohngebäuden umbauten**. Das **Bauland** war oft **günstiger** als in den Städten. Mancher Dörfer hatten eine gute **Verkehrsanbindung**. So kamen neue Familien ins Dorf. Es siedelten sich zum Teil **Industrie und Gewerbe** an.

11 Die antike Welt der Griechen

Im antiken Athen

Schülerbuch Seite 292

Zwischen 600 und 400 v. Chr. wurde Athen bekannt.
Athen war eine **Polis**, das war ein **Stadtstaat**.
Im Stadtstaat lebten 230000 Menschen.
Die Polis Athen bestand aus der **Stadt, Bauern- und Fischerdörfer** und dem **Hafen** Piräus.
Die Stadt lag an der **Akropolis**, dem Burgberg.
Die Stadt Athen hatte 100000 Stadtbewohner.
Viele Athener lebten am **Stadtrand** in **einfachen Hütten**.
Es gab **keine Leitungen** für Wasser und Abwasser.
Daher hatten sie auch **keine Toiletten**.
Das schmutzige Wasser schüttete man auf die Straße.
In der **Stadtmitte** aber gab es **Prachtbauten** um die Akropolis.

Wer soll die Macht haben?
Athen war ein griechischer Stadtstaat.
In Griechenland gab es noch andere **Stadtstaaten**.
Die **Könige herrschten** in den Stadtstaaten. Das nennt man **Monarchie**.
Später herrschten die **Adeligen**. Das nennt man **Aristokratie**.
Die Adeligen waren meist **reiche Großgrundbesitzer**.
Sie wählten **einen Mann** aus ihrer Gruppe: Er **herrschte** für eine bestimmte Zeit.
Die **Kleinbauern** waren sehr arm, sie **machten Schulden** bei den Adligen.
Viele Bauern konnten ihre Schulden nicht zurückzahlen.
So mussten sie **für die Adligen arbeiten**, bis sie ihre Schuld bezahlt hatten: Sie waren Sklaven.
So kam es zu Unzufriedenheit, Streit und **Unruhen in der Gesellschaft**.

Schülerbuch Seite 292 (Fortsetzung)

Von der Tyrannis zur Demokratie

Die meisten Menschen hatten wenig Besitz. Sie waren arm.
Nur wenige Menschen hatten sehr viel Besitz.
Das war **ungerecht**.
Es gab daher Streit zwischen den Gruppen.
So kam ein Adliger als **Alleinherrscher** an die Macht.
Er hieß Peisistratos.
Diese Herrschaftsform bezeichnet man als **Tyrannis**.
Peisistratos **veränderte die Situation**: Die **Adeligen** hatten nun **weniger Macht**.
Für die **Kleinbauern** gab es **neue Arbeit**.
Der Herrscher ordnete an, neue große Gebäude zu bauen.
Einige Zeit später veränderten die Athener ihre Herrschaft.
Viele **Bürger** konnten nun **mitbestimmen**.
Das nennt man **Demokratie**.
Der Adel hatte aber immer noch viel Macht.

Schülerbuch Seite 293

Athen – Handelszentrum der damaligen Welt

Im Umland von Athen betrieben die **Bauern** Landwirtschaft.
Sie **erzeugten** viele Dinge für die Bewohner der gesamten Polis Athen: Fleisch, Fisch, Olivenöl, Wein, Wolle und Brennstoff.
Das Getreide für Brot war auch sehr wichtig.
Das meiste **Getreide** ließen sich die Athener **aus anderen Gebieten** bringen.
Sie förderten deshalb auch das **Gewerbe** und den **Handel**.
Die **Staaten um das Mittelmeer handelten** miteinander.
Sie **tauschten Waren**, die sie zum Leben brauchten.
Wein, Honig und Olivenöle lieferte man in andere Städte.
Im Austausch erhielten dafür die Athener z. B. Gewürze oder Holz.
Piräus, der **Hafen von Athen**, entwickelte sich zum **wichtigen Handelsplatz**.
Der Handel machte den Staat und die Bürger **reicher**.
Es gab auch Austausch in der Kultur, der Wissenschaft und in der Politik.
So wurde **Athen zur** beherrschenden **Handelsmacht**.

Alltagsleben in Athen

Schülerbuch Seite 294

Zu Hause bei Familie Amos

Wie lebten die Menschen in Athen in den Jahren um 450 v. Chr.?
Amos ist ein **Athener** und wohnt **am Stadtrand**.
In dem **einfachen Haus** gibt es verschiedene Räume: Vorrat, Handwerk, Stall, Wohn- und Schlafraum.
Für Amos ist der Gastraum sehr wichtig.
Hier **trifft** er sich am Abend **mit seinen Freunden**: Sie trinken Wein, unterhalten sich und singen Lieder.
Amos hat eine **Ehefrau**, sie heißt **Kallia**.
Kallia hat einen **eigenen Raum im Haus**.
Männer dürfen ihn nicht betreten.
Kallia ist für **Haus und Hof** zuständig.
Sie **überwacht** die Arbeit der **Sklaven**, **holt Wasser** vom Brunnen und **sorgt für das Essen**.
Sie näht Kleidungsstücke und **erzieht die Kinder**.

Amos und Kallia haben **zwei Kinder**: die Tochter Lysia ist zehn Jahre alt, der Sohn Kritias ist sieben Jahre alt.
Im Haus leben noch ein **Sklave und** eine **Sklavin**.
Amos hat sie auf dem Markt gekauft.
Den Lohn muss er Amos abgeben.
Andere Sklaven haben es schwerer.
Sie müssen hart arbeiten auf den Feldern oder in den Silberbergwerken.
Steiros hat jedoch die **Aussicht**, eines Tages von seinem Herrn **freigelassen** zu werden.
Amos treibt er **Sport** nach der Arbeit oder er schließt sich einer Gruppe unter den **Säulenhallen am Marktplatz** an.
Dort **unterhalten** sich die **Männer über Politik oder Wissenschaft**.

Schülerbuch Seite 295

Beruf und Arbeit von Amos

Amos ist **Handwerker**.
Er arbeitet in der **Erzgießerei** von Dimitrios.
Dort ist er Gießmeister.
Amos heizt den **Schmelzofen** an, bis das Metall flüssig ist.
In der Werkstatt ist es dann sehr heiß.
Dimitrios kommt jeden Tag vorbei, um die **Arbeit** zu **kontrollieren**.

Zur Zeit arbeiten Amos und seine Mitarbeiter an einem **besonderen Auftrag**.
Er soll eine große **Figur aus Bronze** für Athen fertigen.
Die Athener wollen sie dem **Gott Apollon** in Delphi **schenken**.
Tausende Griechen werden dann die Figur **bestaunen**.
Amos ist stolz auf seine Arbeit.
Die **vornehmen Athener verachten** die **Handwerker**.
Denn sie denken: Arbeiten schwächt den Körper.
Und darunter leidet auch der Geist.
Doch die Athener **brauchen viele Waren und Gegenstände,** z. B. feine Lederwaren, verzierte Tongefäße, Musikinstrumente, Waffen.
Um diese **Produkte herzustellen,** werden **viele Handwerker und Arbeiter benötigt**.

Kindererziehung in Athen

Schülerbuch Seite 296

Amos berichtet, was ihm bei der Erziehung seiner Kinder wichtig ist. „Meine Tochter Lysia soll werden wie meine Frau Kallia. Als Lysia ein Baby war, hat sich eine Amme um sie gekümmert. Danach passen ihre Mutter, Großmutter und alle anderen Hausbewohner auf, dass sie behütet aufwächst. Wenn sie einmal einen Mann heiratet, soll sie einen **guten Ruf** haben. Deswegen ist Lysia häufig zu Hause. Bei allen Arbeiten **hilft sie mit**. Sie lernt **nähen und kochen**. Die meisten Athener erziehen ihre Töchter nach diesen Regeln.

Ganz anders ist das bei **Kritias**. Er soll eine **Schule** besuchen. Er soll gebildet sein. Ich möchte, dass mein Sohn ein Bürger mit **gutem Ruf und Ansehen** wird."

Ein **angesehener Bürger** muss
- körperlich **fit sein** und mit der Waffe **kämpfen** können,
- sich für **öffentliche Angelegenheiten** interessieren und seine **Meinung** dem Volk verständlich machen können,
- die Fähigkeiten haben, eines der **Ämter zu übernehmen**,
- **Sinn für** das **Gute und Schöne** im Leben haben.

„Kritias hat Unterricht im **Lesen, Schreiben** und **Redenhalten**. Außerdem muss er **Sport** machen. Er lernt auch **Singen und Gitarre** spielen. Der **Sklave Kleon** ist der **Lehrer** von Kritias. Er führt Kritias zur Schule und trägt ihm die Schulsachen. Er übt mit Kritias zu Hause, lobt und tadelt ihn. Der **Lehrer** darf meinen Sohn auch **mit** dem **Stock schlagen**. Das ist eine **Strafe**, wenn er sich nicht genug anstrengt."

Kindererziehung in Sparta

Schülerbuch Seite 297

Mädchen und Jungen sollen sich anpassen

Die Spartaner erzogen ihre Kinder zu **Unterordnung** und **gefühlloser Härte**.

Kränkelnde Kinder wurden von ihren Eltern ausgesetzt oder dem Hungertod überlassen.

Nur gesunde und kräftige Kinder durften leben.

Die **Jungen** bildete man zum **Krieger** aus.

Sie lebten außerhalb des Elternhauses in Gruppen zusammen.

Sklaven erledigten sie **Arbeiten im Staat**.

Sklavinnen machten die Hausarbeit für die Spartanerinnen.

Frauen machten viel **Sport**, um sich für das Gebären von Kindern gesund zu erhalten.

Männer lebten **in Gruppen** zusammen.

Sie gingen auf die **Jagd**, machten **Kampfspiele**.

Sie erzogen die Heranwachsenden.

Sie gehörten zu den **Vollbürgern** in der Polis.

Wichtig waren **Wachsamkeit**, **Gemeinschaft**, **Unterordnung**, **Kampf** und **Tod**.

Den etwa 9000 freien Bürgern Spartas standen 150000 Sklaven gegenüber.

Die Spartaner fürchteten deren Freiheitsdrang und **übten** daher **ständig für den Krieg**.

Götter und Heldensagen

Schülerbuch Seite 298

Viele **Griechen beobachteten** genau die **Naturereignisse.**
Sie **fragten sich**: **Woher** kommen Regen, Donner und Überschwemmungen?
Bei Naturereignissen, die sie nicht so recht verstanden, glaubten sie, dass sie aus den **Launen guter und böser Götter** entstehen.
Die Griechen glaubten auch: Die **Götter beeinflussen** auch, wenn sich Menschen bekämpften.
Es gab verschiedene Götter.
Die Griechen **verehrten und feierten** sie.
Sie stellten sie sich als Menschen vor, mit besonderen Kräften und Fähigkeiten.

Der **Vater der Götterfamilie** war **Zeus**.
Er wohnte auf dem höchsten **Berg** Griechenlands, dem **Olymp**.
Er schleuderte **Donner und Blitze** gegen die Feinde und sandte **Regen und Sonnenschein**.
Seine Ehefrau **Hera** beschützte das Haus und die Familie.
Ihr Sohn **Ares** war der **Gott des Krieges**.
Über das Meer und über alle Gewässer herrschte **Poseidon**, ein Bruder des Zeus.
Athene galt als Göttin der Weisheit und Wissenschaft.
Apollon verkörperte das Geistige: Er war Gott der Dichtung, Musik und Heilkunde.
Demeter, die Schwester des Zeus, die Göttin des Ackerbaues, sorgte für Wachstum und für gute Ernten auf den Feldern.

Um die **Gunst der Götter** zu gewinnen, **betete** und opferte man in Tempeln.
Vor wichtigen Entscheidungen **fragte** man die **Götter um Rat**.
So kamen die Menschen zum Tempel nach **Delphi**, um Apollon zu befragen.
Im Tempel beantwortete eine **Priesterin** die Fragen, die man dem Gott stellte.
Priesterinnen waren Vermittler zwischen Gott und Mensch.
Ihre **Weissagungen** waren oft wie ein Rätsel.
Dadurch wurden die Menschen zum **Nachdenken** gebracht.

Schülerbuch Seite 299

Heldensagen erzählen von Göttern und Menschen

Homer ist ein bekannter **Dichter** der griechischen Antike. Er sammelte **alte Erzählungen**. Diese schrieb er in **Versform** um. Wichtige Werke waren zum Beispiel die Ilias und die Odyssee.

In der **Ilias** geht es um den **Kampf um Troja**. **Paris**, der Sohn des Königs von Troja, **entführte** die schöne **Helena**, die Ehefrau des Königs von Sparta. Die **Griechen wollten** Helena **zurückholen**. Viele **Stadtstaaten schlossen sich zusammen** und segelten nach Troja. Es begann ein **zehnjähriger Kampf**. **Odysseus** war ein griechischer Held. Er dachte sich eine **List** aus. Er ließ ein großes, hohles **Holzpferd** bauen. Mit seinen besten Kämpfern **versteckte er sich** in dem Pferd. Die anderen Griechen segelten zum Schein ab. Als die **Trojaner** das sahen, **glaubten** sie, die Griechen hätten die Belagerung aufgegeben. Sie zerrten das Holzpferd in die Stadt und feierten ein großes Siegesfest. **Nachts**, als alle schliefen, **kletterten** die **griechischen Soldaten aus dem Pferd**. Sie töteten die betrunkenen Trojaner. Die Griechen **besiegten** so die **Trojaner**. Troja wurde in Brand gesetzt. Die Griechen kehrten in ihre Heimat zurück.

Olympische Spiele – alles für die Götter

Schülerbuch Seite 300

Gemeinsames Fest zu Ehren von Zeus

Nach der Vorstellung der Griechen war **Zeus der Vater der Götter** und **Herrscher über die Welt**.
Er lebte auf dem Berg **Olymp**.
Ihn zu **verehren**, einte alle Griechen.
In der **Stadt Olympia trafen** sich die **Griechen**.
Dort brachten sie Opfer, **beteten** gemeinsam, trieben **Sport**, **sangen** und tanzten zu Ehren von Zeus.
Daraus **entwickelten** sich **Wettbewerbe** im Sport, im Chorgesang, Instrumentenspiel, in Tanz, Dichtung und Theater.
Die **Athleten** kamen **aus allen Regionen**, in denen Griechen lebten.
Sie waren zwar **oft verfeindet** und führten Kriege gegeneinander.
Aber bei den friedlichen Wettbewerben herrschte **Waffenstillstand**.

Wettkämpfe in verschiedenen Disziplinen

Die erste **olympische Disziplin** war der **Kurzstreckenlauf** über 191 m Länge: Er war so lang wie eine Bahn im Stadion.
Bald kamen neue Disziplinen dazu, z. B. der **Langstreckenlauf**.
Im **Fünfkampf** ging es um Laufen, Springen, Ringen, Diskus- und Speerwerfen.
Schließlich wurden auch der **Faustkampf** und das **Wagenrennen** olympische Disziplinen.
Die Sportler kämpften immer nackt.
An den Sportwettkämpfen durften **nur Männer teilnehmen**.
Frauen durften nicht einmal Zuschauer sein.

Zusatz: Die Olympischen Spiele der Neuzeit

Schülerbuch Seite 301

Vor 1600 Jahren herrschte in Athen ein **christlicher Kaiser**. Er **verbot** die **Olympischen Spiele**, weil sie ein unchristliches Fest waren.

Wiederbelebung der Olympischen Spiele

Jahrhunderte später hatte der Franzose Pierre de Coubertin die Idee, die **Olympischen Spiele wieder auszutragen**. Er glaubte, dass Sport die guten Eigenschaften der Menschen fördert. Als Fest der Jugend der Welt sollten die Spiele helfen, dass sich **alle Völker gut verstehen**. Das geschah 1896 **in Athen**. Seitdem finden die Spiele **alle vier Jahre** statt. **Millionen von Zuschauern** auf der ganzen Welt sehen die Wettkämpfe. Alle **Sportlerinnen und Sportler** aus allen Ländern der Welt sind **gleichberechtigt**. Die Siegerinnen und Sieger bekamen **Medaillen** aus Gold, Silber oder Bronze. **Seit 1900** sind auch **Frauen als Teilnehmerinnen** zugelassen.

Die Griechen – „Erfinder" der klassischen Kunst

Schülerbuch Seite 302

Architekten bauen prachtvolle Tempel

Die Griechen bauten aus Marmor prachtvolle und buntbemalte **Tempel**. Damit **ehrten** sie ihre **Götter**. Der berühmteste ist der **Parthenon-Tempel** auf der Akropolis. Er wurde zu Ehren von **Athena** gebaut. Sie war die Göttin der Weisheit und Handwerkskunst. Der Tempel ist 70 m lang und 31 m breit. Über zehn Meter **hohe Säulen** tragen das **mächtige Dach**. Dieser Tempel galt als **Vorbild für die Architekten des Altertums**.

Schülerbuch Seite 303

Bildhauer und Maler gestalten Standbilder und Vasen

Für Gottheiten und besondere **Menschen** stellt man **Statuen** auf.
Sie waren **aus Holz**, **Stein** oder **Bronze** gefertigt und meist bunt bemalt.
Auf Tausenden von **Vasen** ist die Kunst der Maler zu bestaunen.
Bildgeschichten und Alltagsszenen sind in die Vasen eingebrannt.
Die Künstler wollten so die **Verbindung von Schönheit und lebendiger Natur** ausdrücken.

Dichter erzählen von Göttern und Helden

Die Griechen **glaubten**, dass **göttliche Wesen** ihr **Leben bestimmten**.
Sie stellten sich die **Götter** und Göttinnen **mit menschlichem Aussehen** vor.
Die Griechen glaubten auch: Sie waren unsterblich und hatten ewige Jugend und Schönheit.
Ihrer Meinung nach **lebten** die **Götter mit den Menschen**.
Sie beteiligten sich an allem, was auf der Erde und am Himmel geschah.
Der bekannte **Dichter Homer schrieb** berühmte **Sagen** über Götter und Menschen.
In der „Odyssee" erzählt er zum Beispiel die abenteuerliche Fahrt des Helden Odysseus.
Niemand kann heute sagen, was von diesen Sagen Wirklichkeit und was Fantasie ist.

Die Geschichten der Götter und Menschen spielte man auch nach.
Dichter schrieben dazu Texte, die die **Schauspieler** sprachen und sangen.
Tausende athenische Bürger sahen sich die **Schauspiele im Theater** an.

Anfänge der Demokratie in Athen

Schülerbuch Seite 303

Amos in der Volksversammlung

In Athen findet eine Volksversammlung statt.
Denn heute steht eine **wichtige Entscheidung** an.
Auf dem **Versammlungsplatz** sind Tausende Bürger.
Der **Rat hat** einen **Antrag**.
„Die Volksversammlung soll dafür entscheiden: Eine Flotte mit vielen Soldaten soll sofort nach Ägypten fahren, um dort die Aufständischen zu unterstützen."

Die Männer **unterhalten und streiten** sich heftig.
Einige finden den Plan gut, andere warnen vor den Gefahren.
Für Amos ist es selbstverständlich: Wenn nötig, müssen alle erwachsenen Athener für ihre Vaterstadt kämpfen.
Die versammelten **Männer hören aufmerksam** zu, welche Seite die **besseren Argumente** hat.
Nun kommt es zur **Abstimmung**: **Die Mehrheit entscheidet** sich dafür, den Aufständischen zu helfen.

Der Staatsaufbau in Athen (um 450 v. Chr.)

Für die Athener stand fest: Ein **Gemeinwesen** funktioniert dann gut, wenn es die **Bürger selbst gestalten**.
Nach ihrer Staatsordnung sollten

- die **Bürger** selbst die **politischen Entscheidungen treffen** können,
- die **Mächtigen** vom Volk **kontrolliert** werden,
- **niemand alleine regieren** können.

Drei Einrichtungen hatten die Macht: die **Volksversammlung**, der **Rat** und die **Volksgerichte**.
In der Volksversammlung hatten alle **freien Bürger** Athens das gleiche Stimmrecht.
Die Anwesenden entschieden hier über Krieg und Frieden.
Sie wählten die Richter, die Feldherrn und Beamte auf die Dauer eines Jahres.
Der Rat der 500 war für die Regierungsgeschäfte zuständig.
In ihm waren Stadtbewohner, Bauern, Fischer und Seeleute vertreten.

Schülerbuch Seite 305

Das Scherbengericht soll vor Tyrannen schützen

Die Athener wollten **nie wieder einen Alleinherrscher**, der das Volk unterdrückt.
Darum gab es das **Scherbengericht**.
Jeder **freie Bürger** durfte einmal im Jahr den **Namen eines solchen Verdächtigen auf eine Tonscherbe ritzen**.
Diese Tonscherbe gab man bei der Volksversammlung ab.
Wenn eine **bestimmte Anzahl von Stimmen** zusammenkam, dann musste dieser Mann für 10 Jahre in die Verbannung.

Staatsdiener erhalten für ihre Arbeit Geld

Alle Ämter in der Polis Athen waren zuerst Ehrenämter.
Für die **politische Arbeit** in den Volksversammlungen brauchte man aber **viel Zeit**.
In dieser Zeit konnte man nichts verdienen.
So entschied man:
Die **Richter, Soldaten, Beamte** und **Räte** bekamen deshalb einen **Lohn**.
So konnten sich **alle politisch beteiligen**, auch die Männer, die nicht reich waren.

Wer bestimmte in Athen wirklich?

In Athen herrschte das Volk, das heißt die freien Bürger.
Wer aber war ein freier Bürger?
Frauen waren **keine freien Bürger**.
Sie konnten an den Volksversammlungen nicht teilnehmen.
Denn der Mann vertrat schon die gesamte Familie.
Auch **Zuwanderer** hatten **keine politischen Rechte**.
Meist hielten sie sich nur zum Arbeiten in Athen auf.
Die **Sklaven** hatten gar **keine Rechte**.
Meist waren sie Kriegsgefangene.
Sie galten als unfrei und wurden als Ware betrachtet.

In der Volksversammlung schafften **geschickte Politiker**, die Bürger zu **beeinflussen**.
Denn oft stimmte die Mehrheit der Bürger so ab, wie sie es wollten.